U0552510

壹卷
YE BOOK

洞 见 人 和 时 代

近观
03

中国思想的再发现

〔日〕沟口雄三 著
帅斌 译

四川人民出版社

前言

FOREWORD

中国在"雷曼危机"后,仍然保持了很高的增长率,在世界中的存在感也是逐年加强。然而,对于日本人来说,不论是在国际政治层面,还是在经济交易层面,有时很难弄懂中国人的想法。中国人的言行有时在日本人看来,似乎有些难以理解。那么,中国人究竟是怎么想的呢?

本书对中国古代到近代所产生的思想,以及这些思想是否延续进行了论证。我认为这些论证应该能成为解开日本人对中国人疑问的契机。正如本书所讲,即使中国近代不受欧洲思潮影响,对中国近代化推进的因素也已经存在于固有的中国思想中。可以说,即使在当今的北京奥运会和上海世博会等事件中,也可以看到中国思想核心部分的传承。

本书通过论证各阶段的日本思想与

中国思想的对比，加深对中国思想的理解。并且，通过中日思想对比，也可以方便大家更好地掌握日本思想的轮廓。

下面对本书的构成进行简单的说明。本书的前半部分，对在中国思想史中备受关注的"天""理""自然""公"等概念的特性，以及与日语中相同词汇的比较进行论证。特别是对宋代以后到近代为止，中国思想是如何实现质的变化进行了重点描述。本书的后半部分，则是与本书前半部分相结合，讲述了宋代以来到清代为止的哲学、政治、经济思想的发展概况。

前半部分的目的如下。自古以来，日本与中国同处于汉字文化圈，并深受中国文化影响。因此，往往会有人认为，同一汉字，中文与日语中的使用方法是相同的。日本江户时代的汉学家尤其有此倾向。他们在阅读中国的文献时，往往会将中国文字用日语的观点来解释。如"天"，便以日语中的概念来解读，至于中文中的"天"概念，是否与日语有所不同，则未加考证。而他们的这种做法其实是有理可循的。因为江户时代的汉学家们，是用汉文训读的形式，用日本流的方式来理解中国文献的。也就是说，他们虽然将汉文（中国古典）看作是日本文化的一部分，却并未通过那些文献来研究中国。

他们虽然可以称为是研究一部分日本文化的汉学家，却难以称得上是中国研究家。

这种形式的研究一直持续到明治之后，真正意义上，最早在哲学概念领域出现中日对比的文章，是20世纪80年代后期，由我们在《文学》杂志（参照参考文献）上所发表，这不得不说是让人震惊的。

本书的后半部分目的如下。自古以来，说起中国思想，诸如孔、孟、老、庄等古代思想家在日本是非常有名的。但提起宋代，也就是早期现代，除了朱子、王阳明稍有一些名气以外，其他的思想家基本可以说是无人能识，清代则更不必说了。即使是研究中国思想史的专家，在很长一段时间，也将清代看作是压制思想的黑暗时代，而并没有意识到清代思想与近代革命思想的关联性。这也是有理可循的。自古以来，在宋代之后的中国思想史的叙述中，一味地将宋学，也就是所谓的理气论作为哲学史的中心，至于政治思想、经济思想等，却甚少提及。因此，忽略了从广泛视角出发的朱子学和阳明学的连贯性和发展道路，以及它们与清朝思想的联系。因此，本书的前半部分各种概念与历史发展相结合，后半部分重点讲述了从宋代开始到清朝末期的思想史的连续性，作为比较，还将留出一些篇幅，探讨中国的朱子学、阳明学与日本的此类观点究竟有何区别。

本书以放送大学的教科书《中国思想》（放送大学教育振兴会，1995年）为基础。考虑到放送大学丛书的性质，即扩大知识读者范围，本书已将整体结构作了部分简化。本书中的一部分,是与黑住真先生、田原嗣郎先生、宫城公子先生的谈话的基础上著成。在此深表谢意。

我认为,为了明确中国思想的特性,今后我们也应该继续将中国思想与日本思想,以及欧洲思想等作对比研究。

通过这些研究,我们将更有可能实现对世界的多元化理解,同时我们对日本的理解也将更加深刻。本书如果能够成为实现这些目标的一些小小契机,那就不胜荣幸了。

沟口雄三

2010年3月

目录

CONTENTS

第一章 中国的"天" / 001

天观念形成之前 / 001

天命观念的形成 / 003

与古代日本的比较 / 005

天的条理性 / 007

日本的天道观与中国的生成调和之天 / 010

则天去私与道德理法的天 / 012

天谴论的形成 / 013

汉代的天谴论 / 014

唐代天观的变化 / 016

北宋天观的变化 / 018

天理性天观 / 019

作为公理的天理 / 021

第二章 中国的"理" / 024

理这个词 / 024

日本的"理" / 025

法与理 / 027

神与理 / 029

古学派的理观 / 030

天理二字 / 033

理气世界观的结构 / 035

理气论的发展 / 037

向理气一元论发展 / 039

天理人欲论的发展 / 041

肯定人欲的天理 / 042

作为社会调和的理 / 043

情与理 / 045

第三章　中国的自然 / 048

日语中的"自然" / 048

欧洲语言中的"自然" / 049

中文的"自然" / 050

日语中的"おのづから（自然而然）" / 052

中国的"自然"的发展 / 053

吕坤的"自然" / 055

戴震的"自然" / 056

调和的自然 / 058

第四章　中国的"公" / 060

公与オホヤケ（OHOYAKE） / 060

オホヤケ（OHOYAKE）的来源 / 061

公的来源 / 062

政治领域的オホヤケ与公 / 064

国家主义的オホヤケ与民族主义的公 / 065

公立与公有 / 067

ワタクシ（WATAKUSI）与私 / 068

天下为公 / 071

宋代的公 / 072

明末的公私 / 074

清末的公私 / 075

《大同书》/ 076

多数国民的公与少数专制者的私 / 077

孙文的"大同" / 078

第五章　宋学的兴起 / 081

所谓"宋学" / 081

宋学兴起的背景 / 083

王安石的改革 / 084

新体制的秩序观 / 086

朱子学的形成 / 088

朱子学的哲学特点 / 090

第六章　宋学的发展 / 093
朱子学在日本的发展 / 093
日本对朱子学的吸收 / 095
近代社会的特点 / 096
朱子学的东进 / 098
朱子学在日本的变化 / 100
日本社会中的儒教 / 101

第七章　阳明学的兴起 / 104
朱子学的渗透 / 104
朱子学的体制化教育 / 105
明初的朱子学徒 / 106
修正朱子学的动向 / 108
王阳明的致知格物说 / 109
新圣人观 / 111
道德实践的平民化 / 112
道德实践主体的扩大 / 113
阳明学兴起的背景 / 115

第八章　阳明学的发展 / 117
民众道德的扩展 / 117
无善无恶论的兴起 / 118
阳明学在历史中的作用 / 120

日本的阳明学 / 122

大盐中斋的阳明学 / 124

西乡隆盛的敬天爱人 / 126

第九章　16、17世纪的转折 / 128

与日本的比较 / 128

明末的君主观 / 131

新的君主观 / 132

民的自私自利与皇帝的大私 / 134

清代的变迁 / 135

井田论的传统 / 137

民土观基础上的新旧制论 / 138

明末清初的田制论 / 139

清朝末期的田制论 / 142

土地国有论与公有论 / 143

作为中国近代根源的明末清初时期 / 145

第十章　从清代到近代 / 146

作为时代标志的封建 / 146

明末清初时期的"封建"概念 / 148

地方官的当地化和地方自治 / 149

清朝中叶的封建论 / 150

清朝末期的封建论 / 152

清末民初的联省自治运动 / 154
民国的"封建" / 154
近代政治思想的吸收 / 156
洋务官僚对议院制的关注 / 157
设立议院的舆论 / 159
革命派的兴起 / 160
辛亥革命与革命之后 / 161
孙文的三民主义 / 163
中国"大同"近代思想的特点 / 165

参考文献 / 167
其他参考书刊·论文 / 171

| 第一章 |

中国的"天"

中国的思想,从10世纪以来的宋代到20世纪初期的近代,非常重视"天""理""自然""公"等概念,这也是本书着重想讲述的。在这些概念中,"天"又特别受到重视,被看成是一个具有潜在力量的概念。所谓潜在,如后文中所述,宋代以后,将天与理的概念相结合,甚至天这一概念退而成为理的背景。但正如欧洲思想中基督教之神的概念,近代以来,神学或与理性相结合,或成为理性的背景,但依然在思想史上具有影响力一样,中国的天概念,也同样没有失去它的影响力。

天观念形成之前

在中国,普遍认为天观念是在周代形成的。在周之前的殷,"天"一字与"大"字的意义相同,天所有的抽象及超越性的意义,在这里是不存在的。也就是说,殷所指的"天",与周代以后所指的"天"是不同的。换句说,殷代所谓的天,还不是形而上观念的天。

表1-1 中国历代王朝

约前1600年	殷	
约前1046年	西周	
前770年	东周	春秋战国时代
前221年	秦	
206年	西汉、东汉	
220年	三国时代	
265年	西晋	
317年	五胡十六国时代	东晋
420年	南北朝时代	
581年	隋	
618年	唐	
907年	五代十国时代	
960年	北宋	
1127年	南宋	
1271年	元	
1368年	明	
1644年	清	

比起天来，殷人更加重视太阳。他们信仰这样一个神话，有10个太阳，每天顺次从地表升起，出现在天空中，然后又落回到地表下，每10日为一轮。这10个太阳依次名为日甲、日乙、日丙、日丁、日戊、日己、日庚、日辛，直到日壬、日癸，对应我们今天所说的10个天干。与10个太阳相对的，有10个王族。这10个王族分别被认为是10个太阳的子孙。由10个王族的族长，轮流统治地上世界。10个王都十分崇拜作为自己祖先的太阳，可以看作是将太阳信仰与祖先崇拜结为一体。从这一点来看，与日本的天照大神信仰极为相似。但与日本的不同之处在于，在殷人看来，在作为信仰的10个太阳之上，还有一个掌管它们的"帝"的存在。也就是说，在殷人看来，存在掌管天空诸现象（如雨、风、云、雷电等）的上帝，与掌管地上诸现象（如日月出没、地震等）的下帝。人们通过向上下帝占卜，来获得有无天灾、地灾，以及可否进行地上行动（如战争、打猎等）的明示。

殷文化就是基于对太阳的原始理解，以祖先崇拜、上下帝信仰，以及占卜为特征的原始文化。

天命观念的形成

公元前11世纪中叶，以渭河盆地为中心（也就是今天陕西省西安市附近）兴起的周族，打败了东方的殷族，建立了周王朝。将此次王权交替,并且是民族间的交替正常化的,正是这里所提到的天命观念。据西周青铜器铭文所记载,周文王乃是"受命于天",并且,周文王之所以"受命于天",乃是与他的"有德"有关。这里可以看出,周王朝利用"有德"的周室"受命于天"这一观点,将自己的权力正当化了。

这种关于天命的天观念是如何在周族中形成并且延续的,现已无从考证,但可以从以下因素中稍加猜测。例如,渭河盆地是适于农耕的肥沃土地、受到甘肃方向传入的西方文化的影响等,将这些结合起来,可以看出周族人对与农耕关系密切的天必然十分重视,也许受到了西方一神教的影响,更有可能吸取了殷人的上帝信仰,等等,这些都可能是形成天命观念的重要原因。不管怎么说,从周代开始,在中国大陆上,与上帝信仰紧密结合的天命观念就成了王朝权力的背景。在王朝交替或是皇帝即位典礼时,都要举行盛大的祭天仪式。

于是,从西汉文帝郊祀(即在长安的郊外筑坛拜天进行祭祀,表示该皇帝受命于天的仪式)开始的祭天仪式,历经武帝、宣帝、成帝,成为儒家倡导的国家仪礼并体系化。最后,在王朝交替频繁的南北朝时期,作为异姓间王位交替之正当化手段的仪式而被熟知。唐代以后,更是作为皇帝即位典礼的一环被固定下来了。

与古代日本的比较

在日本古代，普遍奉行自然物信仰。天皇的权位必须由太阳神的子孙来继承，由这一血统观念使皇位正当化。

而在天皇即位礼正殿仪式中，也体现了这种血统观念。即位大典的中心仪式，便是天皇在高御座上就座。史传可以在高御座上就座的只能是天神的嫡系子孙，这里说的天神，便是指被称作"太阳神"的天照大神。这种只能由天神嫡系子孙继承皇位的观念，在8世纪以后的即位典礼上更是被明文宣誓。可以看出，这与中国受命于天的观念是截然不同的。此外，在后世，作为即位典礼一环的大尝祭中，会将新收割的谷物献祭给天神，这种为了庆祝农耕丰收的祭祀，与古代流传下来的"稻魂"的说法一样，都能看出自然崇拜的痕迹。

若要再说一点中国古代与日本的不同之处，那便是天文学了。中国古代天文学比起日本古代要发达得多。

文明古国，不论东西，天文学的发展都是较早的，中国当然也不例外。在大约公元前4世纪时期的战国时代，农耕必不可少的历法，以及预卜能否成事的占星术就已经很发达了。

在有关天体构造的理论方面，先是提出了盖天说，在汉代以后，更是出现了浑天说，理论上的进步也可见一斑。盖天说是指认为天与地是平行关系的一种思想，而浑天说是指球形的天包围平面的地的一种思想。通过这样的天体构造理论，我们也可以看出，古代中国人对天有着浓厚的兴趣。古代中国人认为，天上的自然现象与地上的政治活动是密切相关的，这一点更值得注意。

可以《史记》之《天官书》为例，来说明天与政治的关系。西汉司马迁（约公元前145年）著有《史记》，在《史记》中与《礼书》《乐书》并列的《天官书》中，详细记载了占星术与星座的作用。从天官这一名称可以看出，中国古代人认为天上也有宫廷和官僚，星座名中也有，除了大帝，三公、天相、天将等很明显是起自官名的名字。这也同时反映了汉代官僚机构的完备性。

但西汉董仲舒（约公元前179—前104年）的"天人感应论"更直接地阐释了天与政治相关的理论。

这一理论认为，天上的自然现象与地上的人事相对应。例如，人的360块骨节就对应周天的360度，人间的仁义与天的阴阳相对，等等。其中对后世影响最深远的，当属将自然祥瑞（出现紫色祥云或是珍宝等）、灾害（旱灾、水涝等）等与政治的清浊相联系的"灾异说"了。即皇帝虽依天命统治地上的民众，但如果其统治有过失，殃及民众，就会导致天的阴阳二气不调，降下灾难，以示惩戒。相反地，如果顺应天意，有益民生，天便会降下祥瑞。

其中将灾害视为天的谴责，或将异变（如日食、月食等）视为天之警告等的天谴论，从汉代开始，历经隋、

第一章

唐，直到宋代，一直被朝廷的政治中枢所采纳，影响着实际的政治运作。

这一将自然现象与政治联系起来的思维模式，诞生于殷周革新之际形成的天命说，后来，如我们在《诗经》《尚书》里看到的那样（如《诗经·小雅·十月之交》中所咏叹的，日食的原因在于执政有失），在春秋战国时代广泛流行，再经阴阳家继承，最后由董仲舒加以理论化。因此，把天与政治联系起来的思维模式，与其说是某个思想家的发明，不如说是基于原始中国最深厚的传统。只是恰巧由个人思想家董仲舒归纳总结加以理论化而已。换句话说，把天与政治联系起来的政治思想，是在中国独自发展起来的一种政治思想，它在日本或者欧洲均未曾出现过，这是值得我们注意的。

天的条理性

以上所讲述的，可以说是将天拟人化，把天当成了主宰者。那么我们在论述了主宰型的天之后，也不应该忘记，天是具有法则性的，换句话说，天是具有条理性的。

天这个观念本身就有多重含义。首先可以将其粗略地分成4类：（1）自然运行的天；（2）主宰根源的天；（3）生成调和的天；（4）道德理法的天。这里的（1）自然运行、（3）生成调和、（4）道德理法都以条理性作为基础。

认为天有条理性的思想家多为道家出身。

有关天为主宰的观念,在被视为周初文献的《尚书·召诰篇》里写道,"呜呼!皇天上帝,改厥元子兹大国殷之命"。后来的《论语·八佾》也写道,"获罪于天,无所祷也",《孟子·告子下篇》中也有"故天将降大任于斯人也……"这样的描写。这种观念在春秋战国时期的儒家学者之间流传、传承下来。同时,为了以这些儒家思想为媒介,与后世的道德理法之天相联结,那么与儒家并斥的道家所拥有的,将天与道之观念相结合而形成的,天是超越自然的人为秩序,是最根本的理法,这一具有条理性的道家的天观念,也是不容忽视的。

例如《庄子·秋水篇》,"牛马四足,是谓天;落马首,穿牛鼻,是谓人",所描写的天和人,前者是指自然,而后者则是指人为。同样的,《庄子·达生篇》也有这样的描述,"不开人之天,而开天之天,开天者德生,开人者贼生"。这里的"人之天",是指狭隘的人欲等人之自然,天之天则指既包含人的自然,同时又超越人之自然的宇宙整体的理法之自然。在这些论述中,都赋予天比人更高的价值。《庄子·在宥篇》中,也提及了同样的思想,"无为而尊者,天道也;有为而累者,人道也"。这里将道家的天道观直白地表示了出来。这种排除人类作为,换言之即超越人为,将天视为自然条理的天观念,不久亦被儒家所接受，由此而产生了《荀子》"天人之分"的思想。

《荀子》的"天人之分"，将天的主宰地位以及天的人性化部分全盘否定，将作为自然界的天与人之世界剥离开来。正如它的《天论篇》中所描述的那样，"天行有常，不为尧存，不为桀亡"。完全否定了周初以来的天命观念。即天的自然运行有其独立的法则，不论是尧的善政，还是纣的恶政，对它都是没有什么影响的。

从现代人的角度来看，将天理解为自然法则之天观的出现，比起人格型、主宰型的天观，肯定是一种思想史上的进步。因此后来汉代的董仲舒否定前者，而主张类似后者的天人感应论，或许会被认为是一种退步。但这并不全对。

为什么这么说呢？因为这里所说的自然法则性，理论上和后来阴阳五行的理论相似，和我们现在所说的自然科学并不同。我们应该看到，董仲舒提出的天人感应论，不仅包含天谴论所提到的人格型、主宰型的天，另一方面，也包含了以阴阳五行论为基础，视自然现象为自然法则、条理性的天。这也就意味着董仲舒的天人感应论，应该说是对春秋战国以来，主宰性之天观与条理性之天观的统一结合体。

日本的天道观与中国的生成调和之天

这里想强调的一点是，日本天道这一观念是从15、16世纪的战国时期才开始为人熟知的，并不是我们想象中的很久远的古代。

此天道有时也可代指天道神或其他神佛，并作为道德或正义的依据。从与天观相关联的角度来看，天道可以看作是这样一种观念，超越人为的绝对存在；对人类具有不可知的巨大力量，可制裁人类却无法用肉眼可见的存在。而中国的天观，进入宋代不久，就确立了"天即是理"的观念，从而强化了客观的法则性、条理性。与日本的天道是有明显区别的。

虽然日本的天道也包含道义、公正等规范性的观念，这一点与中国的道德理法之天的概念相同。并且，在天降之罚这一点上与主宰性的天也有共同点。与日本的天道观相比，中国的天观最独特的一点，那就是生成调和之天，也就是调和人之生存的天。

如《庄子·达生篇》，"天地者，万物之父母也"，《庄子·大宗师篇》所述，"天无私覆，地无私载"，这种天生万物且固来不偏不倚的思想虽然并不少见，但结合《诗经·大雅·荡》中"天生烝民"的观点，也就是说因万民皆为天生，因而不分贵贱，则万民皆应平等生存的思想便展开了。

· 第一章 ·

这可以看作是中国特有的思想。

《礼记·礼运篇》中所描述的"天下为公"的状况,与"大同"之世界的状况,被视为一种形式上的乌托邦。在那里孤苦的老人、残病者和孤儿都可以生存下去,人们不只为自己打算,而是将获财能力等与他人分享,表现出一种生存的均等。在这里,"天无私覆"这一天之均等的关怀,已经不仅仅是公正的意志与上天的恩典,而是表现了人之生存中具体事物的均等、均分的问题。从这里已经可以看出中国的公与日本的公共(おおやけ、日文汉字也为公)之不同。有关公的问题暂不作论述。从上述我们可以看出,中国之天的调和中包含着关于人之生存的均等问题,与日本的天作比较时,这一点也是应该注意的。

时代跳转到明朝末期,明朝末期的思想家吕坤(1536—1618年)在《呻吟语》卷五中写道,"世间万物皆有所欲,其欲亦是天理人情。天下万世公共之心,每怜万物有多少不得其欲处……常思天地生许多人物,自足以养之,然而不得其欲者,正缘不均之故耳"。这里所说的"欲",是指生存欲与所有欲。

本来这些欲望,天应该能够满足。而之所以多数人得不到满足,是因为存在着社会经济上的不平等。实际上,像这样有关生存欲、所有欲的社会均等化的问题,在16、17世纪以后的中国,成为思想史上一个重大的课题。这和日本天观念的发展有很大的区别。

则天去私与道德理法的天

在日本的幕府末期，如大盐中斋所提出的"吾心即天"，关于人的内心化的天观念渐渐发展壮大；如西乡隆盛的"敬天爱人"；夏目漱石的"则天去私"等，都是属于同一类思想。这些天的共同之处是，他们都要摒弃世俗的名誉、地位、金钱等等欲念，甚至清除有关世间事物的任何计较或算计，从而确立所谓绝对自我，将其作为人生的目标。这里的天，既是内在的自我，又是超越自我的无限自我。也就是说，通过天的无限性，成就天人合一的自我，因此，有"吾心即天"这种说法。这个自我也是自身形成的。从将私欲与作为完全抛开后自然形成自我这一观点来看，天之自然也就等同于日语意义中的"诚"一词了。这种以诚或自然为本的天，与中国的天相比，是日本最独特的部分。

中国也有将诚、自然等与天相结合的概念，但宋代之后，将私欲或作为抛却之后所产生的却并不是"天"，而是"天理"。而诚、自然等，虽然可以代指天理的纯粹性，但并不从天理中独立出来，并不表示独特境界的概念。

由诚、自然等形成的纯粹的天，在中国被称为"天理"，即道德理法之天，它应是遵循一种客观的条理。而日本的诚与自然的天，与其说是客观的条理，不如说是纯粹主观上的东西，即个人内在之心境。这与中国是有极大区别的。反过来说，中国的天具有日本的天所没有的客观的条理性，这恰恰是中国的天的一大特点。

天谴论的形成

前面我们讲到，董仲舒的天人感应论统合了人格型、主宰型的天观与自然法则、条理性的天观。

由前一种天观衍生出来的天谴论，与天命思想是不可分割的。

原本在世界各地未开化的社会中，酋长同时也是乞求上天降雨及祈祷五谷丰收的巫师。可以说通过祈祷，以酋长为媒介，形成了将地上社会世界与天上自然现象合而为一的观念。想必中国的殷代也正属于那样一个时代。王通过巫术、卜算或者预测，来窥视自然界统治者的"帝"的意志。

进入周代之后，确立了有德才能得天命的观念，因此天和地上的关联方式也逐渐发生了变化。人们渐渐地认为，自然界发生的异变，原因在于地上社会的活动。也就是说，本来人们认为防无可防、避无可避的灾祸，是因为应该行德政的君主之德行有所欠缺，才招致了上天的警告和谴责。所以人们认为，只要王勤修德行，灾祸便可退去，便可避免。

从这个意义上来看，天谴论的形成，也可以看作是人自身对自然界开始了某种程度的参与。

在此基础之上，如阴阳五行说一般，进而产生了自然界的现象是按照阴阳五行的组合而运动的理论，此理论还与德、刑，天命思想相结合。例如战国末期《管子·四时篇》中所述，将阴与刑，阳与德相连，地上的德与刑如果能调和好，它们所对应的自然界的阴和阳也就能调和好。有了阴阳与刑德相关一说，使自然界和地上的关系变得更加紧密了。换句话说，人类参与自然的部分开始进一步的扩大。我们可以从董仲舒的思想中，清楚地看到这一趋势。

汉代的天谴论

董仲舒言："国家将有失道之败，而天乃先出灾害以谴告之，不知自省，又出怪异以警惧之，尚不知变，而伤败乃至。"——也就是说，灾祸基本上都是国家政治失道的结果。如果置之不理，放任不顾，国家就有可能会败亡。值得一提的是，董仲舒亦将阳与德、阴与刑的联系加入自己的思想理论中。他认为，如果舍弃德教，纯任刑罚，或刑罚不当，就会导致阴阳不调，从而引起灾祸。并且，他将君、父、夫看作阳，臣、子、妻看作阴，如果臣下或夫人凌驾于君王或丈夫之上，则也会导致阴阳不调，引来灾祸。

也就是说，周代的天谴论以王是否有德为主体，而董仲舒版天谴论，则是以皇帝的德行为主，并刑罚是否妥善，臣子、皇后，再加上皇子，乃至外戚等，是否有越权或是横暴等行为也作为判断天谴的依据。因此，灾祸的原因就变得多种多样了。

如前所述，在灾祸中人为参与的部分逐渐增加。因此一方面，人们建立了将地上的政治与自然现象的灾祸一一对应的连接方式，反过来看，这也正表现了对于自然现象人为介入部分的不断增加。

例如在西汉成帝时，将此前的丞相制改成了由大司马、大司空、大司徒为体系的三公制。

根据这个改革，遇到灾祸时的责任也进行了细分。日食、流星等的"天变"由大司马承担责任；地震、洪水等的"地妖"由大司空承担责任；暴乱等的"人乱"由大司徒来承担责任，会根据责任配给罢免相应官员。有时，因为责任分配的问题，会将外戚卷入，从而成为政治争斗的原因。

后来魏文帝下诏宣布废除了因为灾祸发生而弹劾、罢免三公的做法，诏告所有的责任都将由皇帝承担。但实际在唐、宋两代，依然有因为灾祸原因而被罢免或受到惩罚的大臣及宦官、外戚等。

但这种情况从唐代中叶开始发生变化，到宋代时，这种情况已经少之又少了。

唐代天观的变化

到此为止我们讲述了人格型、主宰型的天观与法则性、条理性的天观并行存在的思想，但这并不表示，在此期间没有反对主宰的天观思想的思想家。例如东汉公元1世纪时，名为王充（27—约97年）的思想家就在《论衡》这一书中主张，人格型、主宰型天观应该被抨击，灾祸等是因为自然的因果关系而生成的，可以说是从正面对抗了天谴论。

但翻阅过作为正史的皇帝《本纪》《天文志》《五行志》等就会发现，即使有明言反对的思想家，从六朝、隋、唐，直到北宋，在实际的朝廷政治中枢中，也都能看到天谴论左右政治动向的影子。像王充这样的反对力量，并没有对它造成多大的影响。也就是说，王充的思想，在思想史上，只能算是在野的思想，并不能左右政治的动向。

关于这一点，在8世纪后半期到9世纪前半期的中唐时，从柳宗元（773—819年）所著的《天说》，刘禹锡（772—842年）所著的《天论》，是对应当时朝廷政治动向来看，说明这时已与王充的在野一人论有很大不同，柳、刘等的观点，在这个时代，已经与时代政治潮流，或者说是时代思想潮流相联系起来了，这是值得我们注意的。

柳宗元的《天说》主张天是天，人是人，反对韩愈的天人感应说，认为天地万物的本源是物质性的气，世间

第一章

万物是阴阳二气的自我运动，因而不存在什么天对人的赏罚。刘禹锡的《天论》对柳宗元的《天说》进行了补充，不仅仅将天人做单纯的二分化，而是进一步指出了天与人的功能不同，阐述了"生万物者"天，"治万物者"人的天人相应关系。

对于天的这一论点，可以说早在唐代就有先例了。如贞观十年（636年）唐太宗的洛阳宫浸水事件，有官员上奏称，雨水的灾祸乃是"阴阳的常理"，并不是所谓的天谴。又例如，时间转到玄宗的开元四年（716年），对于认为蝗灾乃是天谴责罚的党派，某官员以官位为赌注，虽备受指责但却断然采取措施，在蝗害发生的地区周围挖沟，并燃起篝火，最终扑灭蝗虫。更有一例，时间转到文宗的开成四年（839年），对于所发生的蝗灾，宰相大臣们将原因称为天旱之"时数"（季节变化），以此来慰抚文宗。以上无论哪个事例，都可以很明显地看出，是否定天谴论的。也就是说在唐朝时，已经有了排除天谴论，将自然灾害归结于"天之常理""时数"等自然法则、因果关系的趋势。虽然在唐代朝廷内部，一方面天谴论依然是主流，但另一方面，上述反对天谴论的思想也酝酿形成，成为一股不可轻视的暗流，在这股暗流之上著成的，便是刚才所提到的《天说》与《天论》。

北宋天观的变化

进入宋代之后，将自然灾害总结为"常理""常数""天数""数"（所谓"数"，是指自然的运行与循环所遵循的一种函数，可以说是自然的机制），天人二分说的思想也日渐流行，但另一方面，与之相对抗的主张，天人感应的思想更是活跃起来了。

但后者所主张的天人感应论，与董仲舒以来将地上的具体事例与灾祸相联系起来的天谴事因论是不同的。它强调，相对于天，人（具体是指为政者，特别是皇帝）的政治责任的无限性，这一政治责任可以说是以人为主体的责任。它较之恐惧天谴，更恐惧未尽之人事。因此，和古来的天谴事因论大不相同。

例如北宋的李觏（1009—1059年）认为，将灾祸看成"数"而不修"德"的君主，是暗主。依靠"德"而克服灾祸的君主，乃是明主。此外他还指出，水旱的原因是因为水利、灌溉设施的不备。可见这里所谓克服灾祸的"德"，是指人在何时何处，是否尽心做了何事。

同样是北宋学者的王安石（1021—1086年），既反对天谴事因论，又反对单纯的天人二分论，提出了第三种观点。王安石认为，恐惧天，并且依据并非天谴而是"天下之正理"来考察自己的失误，乃是人君的责任。

同样，北宋的程颐（世称伊川先生，1033—1107

年，伊川为号。后文中以号为世人熟知的，将用号来表示）也反对天谴事因论，将自然灾害归因于"天之常理"，认为"人事"常伴随"天理"。

像这种以期万全的"德""天下之正理"或"天理"的概念，在北宋时期，开始代替人格型、主宰型的天，成为主要的政治思想，可以说是北宋时期的新动向。

天理性天观

欧洲在从中世纪向近代的变迁中，有一个重要的变化，即人神分裂。粗略地说，在中世纪，神支配着自然法则、人类的政治领域及社会秩序，但进入近代之后，神被限制在作为道德领域的人的内心世界中。自然现象不是依据神的意志，而是依据自然法则发生的。政治领域或社会秩序，由人的理性和意志构筑而成。道德、自然、政治，被分别确定为三个领域。

那么中国的情况又如何呢？

如前所述，北宋时期的中国，一方面排斥天的人格性或主宰性，否定这种意义上的天人相关，而且出现了将自然现象归因于受自然法则支配的天人分裂的趋向。但是另一方面，强调对于天的政治的责任，强调遵循天理等观念与政治道德的结合，可以说是向着更深的方向发展了。

程颢（号明道，1032—1085年）常道，"天者理也"，将天作为理的天理观的确立，正是与欧洲或日本截然不同的，只属于中国的独自的天观。

也就是说，所谓天理，是自然法则的条理，同时又是指政治应该依据的，天下之正理。而且也是人内在道德的本质。

人作为自然法则的一环，正确认识内在自我的道德本质，将其充分的自我发挥之时，政治领域或社会秩序，就会依循条理，得到安定与和谐，这是天理性的天观的思维模式。就是说，自然法则与政治、社会秩序，与人的道德性，也就是自然、政治、道德三者，依循着称为天理的条理而成为一体，即依循着一个天理——这在宋代被称为"天人合一"——乃是最高的境界。

那么它是怎样由天谴论型的天观衍变而来的呢？

确实，单从自然、政治、道德依然成为一体，从灾祸（自然）到天谴事因（政治）到修德（道德），三位一体的角度来看，应该说没什么变化。然而，在中国政治中占有重要地位的自然灾害，不是由天的意志降临，而是因为自然的因果关系而发生，并且只要尽人事，就有可能克服之。这样一种思想的明确形成，仍应该说是巨大的变化。

由于这一天观的确立，人们便从传统的命运型的天观，如3到4世纪的郭象（约252—312年）将君臣的上下关系解释为自然的、命定的。又如前述王充认为，寿命、贫富、祸福等均出命定的思维模式中解放出来，并产生了这样的认识，即以道德完成为目标，依靠自我主体的努力，能够实现政治、社会的安定。人们还进而认识到，灾害也完全可以靠人的力量来克服。

这一新时代的开幕，带来了宋学时代的兴起。与宋学兴起有关的话题，后文将有论述，这里想提的是，相对于将君臣关系阐释为如手足上下关系之自然的郭象，宋学之集大成者，人称朱子的南宋朱熹（1130—1200年），提出了这样的一种新的思想，即"父子天和，君臣义和"。

也就是说，朱子认为，相对于父子之间的自然结合，君臣是被义连接起来的人为的结合。另外，这里所说的义，对于人来说也是天理。这种天理的人为的结合，虽是人为，但不同于依据契约的自由结合，而是基于天生的道德本性而结合的。从这一点上看，这里的人为性仅限于努力实现天性的人为性罢了。

作为公理的天理

最后，我们来看一下作为天理性的天观在近代是怎样发展的。

天谴的天，作为主宰者存在于皇帝政治的框架之外，并从上而下对其加以谴责，这样一种主宰的天，对于皇帝政治所具有的优越性，也被天理性的天所继承下来。于是就产生了这样的观念，即使是皇帝，如果背弃天理，他的权威也将会被动摇，甚至危及王朝的存续。这和日本天皇之上没有其应该遵守的规范大不相同。从另外一个角度看，与日本位于"公共"的最高点的便是日本天皇或者朝廷不同。在中国，一方面皇帝或朝廷是作为公的存在；另一方面，从天或天下的角度来看，他们也不过是一姓一家的我而已。

由此可见，位于中国的公的最高位置的是天。这里的天，作为天理的公，是连皇帝都要顺从的最高存在。

这里的天理的公，在进入近代之后，常被称为公理，此公理，乃是世界上任何国家或民族都应该顺应的最高的普遍的规范。被称为"中国革命之父"的孙文（1866—1925年），便是强烈主张公理的其中一人。孙文的三民主义（民族主义、民权主义、民生主义），便是他主张公理的体现，其中，民族主义主张民族平等与独立的公理。

平等这一观念是作为欧洲近代思想传入中国的。但另一方面，从中国古代开始，天的公，其实就包含着这一观念，这是有必要加以注意的。在上述民生主义中也明确包含着平等观念。

前面我们讲述了中国的天具有所谓人之生存的均等、调和观念。而这里的民生主义大致可以说是追求经济的平等的一种思想。借用孙文的话来说就是，"追求4亿民众全部都丰衣足食"。

这里应该注意的是，这一经济平等的追求，对于人来说，是自然要求，也属于道德条理的正当性，从政治角度来看，也是安定的需要。

也就是说，这个公理贯穿了道德、经济、政治，从政治的角度来说，其道德性的正为和当为，显然占有优势。

这两个特点在天谴性的天与天理性的天中是通用的。即便在近代它们被称为公理，在公理的背后，还是保留着天的浓郁的影子。可以说正因为天的影子，才将公理凸显为天之公理。

由上可以看出，从天谴转化为天理的天，作为天之公理，在近代也在不断地生衍、发展着。

| 第二章 |

中国的"理"

理这个词

理这个词,自宋学思想兴起以后,一直占据着儒教思想的中心地位,是包含宇宙万物之存在根据、存在法则等意义的概念。宋学将理作为气(构成宇宙万物的原料,就是现在所说的元素)的对立面来使用。一方面,当理主要用来表示人类社会的事物时,又被作为天理之词来使用。这时,天理就成为与人欲相对的概念。然而,由于理、欲也被作为相对概念来使用,所以不能一概而论。不过理这个词,比起天理来,则肯定是一个含义更广泛的概念。

上一章曾提到"天者理也"这一观点。宋代以后,理包含了天的条理性、理法性等,从而演变为和天并列的存在,具有非常高的地位。

本来理这个汉字是以"玉"字为偏旁加"里"字构成的。"里"只具有注音的作用,而意义全在于"玉"字上面，即表示玉石的纹样、脉络的意思。

宋代以前，理作为唐代盛行的佛教哲理，特别是华严的理事无碍法界这一哲学概念广为流传。在那之前，只是单纯地用来表示玉石的纹理，并不包含宋代以后具有哲学意义的抽象概念。

在《论语》中并没有理的用例，如果说起和哲学有关的用例，还是道家使用的多。例如《庄子》中就有不少使用理的用例，如"而达万物之理""万物有明理""依乎天理"等。这些"理"可以看作是宋学的"理"的雏形。

日本的"理"

那么日本的理，又是怎么样的呢？

一般来说，在日本，理这个词，与情相比，存在着有些生硬的微妙差别。

说到"那个人以理胜了"，其实有点贬低的意味。

像这样的观点不只是在现代，例如藤原成元的《古事记灯》中就有"……人必有理欲二分，思欲者神，思理者人……昔所谓神道，即离却道理而思之所，是不容已之道……"等记载。这里所说的"理"或者"道理"，仅仅是在人的思考和智慧的范围之内，而"不容已"的自然活动才是神的活动。

这里所说的理和道理接近，实际上，在《叶隐》中也有"忠或不忠，义或不义，称职或不称职，非理非邪正乃能衡量……忠或义不为自然道理也"这样的记载。从这里可以看出对理非邪正的辨识，以及道理的强烈厌烦。这里所说的忠、义，臣下是否做得称职，是不应该用道理去辨别的，所谓"一心无二事主，便矣"，就是说不谈道理，只要一心为主人着想，便足够了。

本来"道理"一词就比"理"一词稍显温和，道理一词多用于肯定，如"合乎道理"等。然而如北条重时的家训所言，"道理中有僻事，而僻事中有道理"（见《极乐寺殿御消息》）。即不管自己多有理，如果因此而致人伤亡，就是道理中的僻事（不合道理）。反过来说，某事虽然不合乎道理，但却因此救人一命，就可以说是僻事中的道理。也就是说，如果非要贯彻"道理"，这个道理就有可能会成为"僻事"。从这个意义上说，这种不具有客观性和普遍性，因时制宜的想法，与中国的理所具有的，强烈的普遍的条理性，是完全不同的。

日本的理、道理、义理等，可以说是由主观共同性这一观点所支撑的。所谓主观共同性，如字所言，就是指个人主观之间的共同性。从这个观点出发，日本的理之规范性，比起共同性，更多的是强调个人主观，比起与周围环境的协调性，更强调自己的主张。而道理的规范性，则更注重与他人主观的共同性，比起个人主张，更重视协调性。顺便再提一下义理的规范性。它的规范性则是共同关系之间的一种借贷清算式的，以相互不欠债为满足的，互通有无的契约。不管怎么说，这些都是由在主观和主观之间所产生的相互关系所制定的规范，虽然有主观性强（理）或共同性强（道理）之间的差异，但都不具备客观、普遍的条理性，这可以说是它们的共同点。这里通过比较中国的理与日本的理，可以看出日本的理之特点。反过来说，也可以很清楚地看到，中国的理之特点，正是具有客观、普遍的条理性。

法与理

上述中国与日本的理之内容的不同，从理这个观念在两国处的位置的不同中也能看出来。

例如清朝中叶的戴震（1724—1777年）就十分同情因理而被压迫的贫贱者，说道"人死于法，犹有怜之者；死于理，其谁怜之"（《孟子字义疏证》卷上）。这里是说，法由人制定并由人执行，因此也会有错误，因而不具永恒性，所以触犯法律而被杀，还会有同情他的人。但如果是悖理而死，便会被认为是犯下了非人道的罪恶，谁也不会可怜。

从这里可以明显地看出，理比法处于更高的位置。

进入近代之后，例如中国共产党的早期领袖李大钊（1889—1927年）也曾说过，"群演之道，在一方固其秩序，一方图其进步。前者法之事，后者理之事。必以理之力著为法之力，而后秩序为可安；必以理之力摧其法之力，而后进步乃可图。盖法易腐而理常新，法易滞而理常进"（《民彝与政治》）。这里的意思是说，依据理，即应有的正确理念来制定法，依靠这样的法来安定秩序，另一方面，当法变得腐败与形式化的时候，应依靠理来破除它，这才能带来社会的进步。这里依旧认为，理比法在根本上更正确。

相比前述，日本的伊势贞丈在著名的《贞丈家训》中提出了"非理法权天之事"，他说道，"非不能胜理，理不能胜法，法不能胜权，权不能胜天也"。所谓非即无礼非道，权即权威、权利。这里可以看出，理明显被置于法，亦即世间规则的下位。

类似的看法在《武家诸法度》（庆长二十年）中也有提到，"因以法破理，不以理破法"。也可以看出在这里理也是被置于法的下位。

日本与中国的理和法之所以位置相反，是由于近代以来，中国法制制度的完善比起日本来要晚。另外，相对于中国主张立足于关于国家的理念，如基于公理的民族主义，日本则流行以自己国家为本位的国家主义，等等。这些都表明了近代两国情况的差异。

神与理

作为万物存在根据的,具有法则性的中国的理,有时也与欧洲中世纪的神作比较。二者之间最根本的不同,就在于前者是物的附带概念,后者则被认为是物的创造者。

16世纪,天主教士利玛窦来中国传教时,为了让中国人认识到基督教较之儒教的优越性,用中文著写了《天主主义》。他在书中指出,神是用自己的力量创造物的独立者,而理仅是物的存在法则,离不开物。

不论优劣,确实在这一点上,是神较之理的长处。从前述的理气关系中出发,理离开气则不能自立,仅仅是气所附带的概念。

气是构成万物万象的概念。这就好比说,牛为牛时,虽然牛的理决定了牛有四蹄与角,但这并不是说理创造了牛,而是在气凝固形成牛时,发挥了理的作用。牛的身体由于牛的理之作用,使得它既不为羊,也不为马,而是以牛的形体存在。但实际上,正因为有了牛的形体,牛的理之存在才被发现。如果没有牛的存在,自然也谈不上有牛的理了。

春夏秋冬四季循环的自然法则也是如此。例如通过树木的花朵盛开、绿叶繁茂、红叶纷纭、枯叶飘落的变化,而认识到四季的法则性的存在。但什么具体的东西都没有时,法则是不能独立存在的。然而如果没有法则性,花开和叶红的顺序就乱了套，牛也不能成为牛，就会扰乱万物生长。从这一点上看，如果没有理，物便不能正确存在。仅此一点，虽然说理先气后，但并不体现在时间的先后顺序上，而是说价值的先后。并不是说在没有气的存在下，理会出现。

虽然如此，但如果没有理，万物那种物成其为物的根据或者法则性，牛为牛，马为马的存在根据，梅树春天开花，秋天叶红的法则性，就全都不存在了。就这一点来看，可以说，如果没有理，就没有物。在这一点上，不是不可以认为理是类似于神的存在。

古学派的理观

如上所述，在中国，宋学以后，理占据了非常高的位置。那么在江户初期朱子学初传入日本时，日本学者又是如何看待朱子学的理的呢？

就结论而言，日本的儒学家越是了解理的特性，越是对理感到明显的违和感，比起朱子学，他们更加追求回归到朱子学源头的孔孟之道。伊藤仁斋（1627—1705年）、荻生徂徕（1666—1728年）等这些所谓的古学派正是如此。那么他们对于理又有怎样的见解呢？

例如伊藤仁斋就说道，"凡事专以理而决断，而残忍刻薄之心盛，欢愉人厚之心寡……持己甚坚，责人甚

第二章

深……是为刻薄。扬理字之弊，以至于斯，悲否"（《童子问》中）。这里所说的理，与前述"理非邪正当附于心"所说的道理是相同的，即将理视为一种不关心他人，只坚持自己主张的概念。

伊藤仁斋还说，"道之字本活字，所以形容生生化化之妙。然理字本死字……故可形容事物之条理，然不足以形容天地生生化化之妙也"（《语孟字义》上、理）。他指出，这里的"理"，只不过是类似水向低处流、木浮石沉等附着在物上的物理概念，并不能达到包含宇宙大自然之神秘生成运动的条理的境界。他从正面否定了中国的理之概念，即理为宇宙自然生成运动的条理。反而提出，构成生成运动的不是理，而恰恰是道。与此同时，他还提出，"对于天地与其实际，则虽圣人亦不能知之，况学者乎"（《同》上、天道）。由此可以看出，他认为天地生生化化之妙乃是人智所不能触及的领域。理是无法形容天地生生化化之妙的，换句话说，理不过是有限的人智的运动，因此为人智所不能企及的宇宙大自然的造化，是不能用理来衡量的。

也就是说，在伊藤仁斋这里，理仅仅是从日本传统意义推导出的概念，只不过是道理或人的思索，人智的一环罢了。这和中国与天的条理性相结合的理之概念，从一开始就走上了不同的岔路。

在荻生徂徕这里也是一样。他也说道，"究理之弊，天与鬼神，皆不足畏，而岂乃傲然独立于天地之间也。是……岂不天上天下唯我独尊乎。且茫茫宇宙，何究其极，理究何穷"（《辩道》）。也就是说，对无穷宇宙，以自作聪明的人智究其所以，不过是一种天上天下唯我独尊的狂妄。这里理也只被认为是有限的人智的认知，即仅仅给予它单纯的道理与议论的意义。

就是说，古学派对于中国的朱子学的理所抱有的违和感，不是出于对中国的理之理解，而是在日本的理概念的框架中，对理的理解。这反而更大程度上体现了中国的理与日本的理之间的巨大差异。

在日本，如本章开头所述的《古事灯记》所讲，将理视为人的次元，而欲则是神的次元。也就是说，在通过人的头脑的运动或意志无法控制的情、欲的世界中，换句话说，超越人智或作为不得已而为之的不可抗拒之力，或不可知的领域中，存在着根本力量。相较之，在中国，则认为端正人的情或欲的道德能力是所有人与生俱来的。中国人对这种条理的存在持乐观态度，确信此条理才具有根本力量。

然而正因如此，日本的人智意义上的理，即人的智慧能够认识的物理学，很容易和朱子学的格物穷理（追求事物的理）的命题相结合。将不可知的宗教的世界与可知的自然科学的世界截然二分，因此儒学对自然科学的发展没有构成障碍。而中国则由于道德与自然在认识上的连续性，使得理作为自然科学的法则不能独立，从而推迟了自然科学的发展。

天理二字

被视为宋学先驱之一的程颢（号明道）曾说，"吾学虽有所授受，天理二字却是自家体贴出来"（《河南程氏外书》卷一二）。也就是说自己所学虽然从先人或是师长那里继承的东西很多，但此天理概念是由自己的心得体会创造出来的。理一词如前所述在先秦的文献中已经出现了，天理二字也在《庄子·养生篇》著名的《庖丁解牛》一话中有描述。庖丁是一名叫作丁的厨师，他切割过数千头牛，刀刃却未崩坏，因此成了一位有名的屠夫。他在解释自己之所以能够如此时说，他不是切牛的骨和肉，而是顺着骨肉之间的自然的肌理在运刀。在此篇中，庄子尝言，"依乎天理，批大郤"（顺着自然的纹理在大的缝隙间运刀），在这里用到了天理二字。说到天理、人欲这一组合，也在后汉编撰的《礼记·乐记篇》中提到过，"灭天理而穷人欲者也"。

这样说来，对于传统的天理概念，程明道又有什么新发现、新体会呢？

从结论而言，在这个时代，程明道自身也应该接受了前述的"天者理也"，天观转换的背景，因而受其影响，触发了新意。

那么，这种新意究竟是什么呢？

理气世间观的诞生进入北宋之后，在天观的转换过程中，出现了描述宇宙的各种新见解。

邵雍（1011—1077年）在《皇极经世书》中将宇宙的时间周期以一元（十二万九千六百年）为单位加以划分，以此来解释宇宙运行的循环周期。这显然是以《易》的象数论为基础的。

周敦颐（1017—1073年）在《太极图说》借鉴阴阳五行说，并图示了万物存在的根源与生成过程。即认为万物不是由某个创造主生成的，万物实体是气依据太极，也就是宇宙根源的自我运动而生成的。

张载（1020—1077年）则在《正蒙》中论述了万物生成由气自己的运动而形成，并详细解释了运动的形态。此人明确地将气作为宇宙万物的实体，并提出其运动不是依据传统所谓象数论或是阴阳五行说，通过创立了自己独特的理论而闻名。

这些观点虽然都受道家影响（宇宙论主要在道家中议论纷纷），它们的共同点是，都认为宇宙的生成或运动，不依据于某个主宰者的意愿，而是由自身的机制所进行的自我运动形成的。在天理概念的新意义中，首先有了这种接近宇宙，即自然科学的观点。

虽然对上述三者的理没有多加讨论，但作为补充，程明道与其弟程颐对作为运动法则性的理展开了讨论，特别是程颐所占比重很大。

程颐将理看作是宇宙的根本原理，从而将形而上世界的理，确认为是形而下世界的气的运动的根本原因。他将《易》系辞传中的"一阴一阳之谓道"修改为"所以一阴一阳道也"。就是说，由于存在着形而上的理（道），才会有形而下的气的生成或运动（一阴一阳），才能够依着条理正常地进行。这与前述三者的唯物论倾向不同，观念论的倾向更强烈些。但是，不管怎么说，他将作为物质的气与作为法则性的理统一起来的观点，在思想史上是值得重视的。总之，在程颐这里，理气世界观已经呱呱坠地了。

理气世界观的结构

程颐另一受人瞩目的观点，就是他的性即理的命题。

性即理是从儒家传统的性善说发展而来的。人从天处领受（先天继承）的理，存在于人的性中，被称作天命之性（或本然的性），是绝对的善。一方面，由于人拥有感情、欲望和肉体等现实体态，因此由于气质的性的构成与运动，在性中产生了恶的一面。克服气质的恶，回归本然性的善，则成为修养的课题。

到唐代为止，例如韩愈（768—824年）的性三品说曾提到，人从先天领受的性有三种类型，即性善之上品，性恶之下品，与善恶混杂的中品。他认为人性的上中下三品是由先天形成的，是不能改变的。程颐则认为，所有的人都平等地领受了上天的理，也就是说所有的人都平等地领受了本然的性，是否凸显本然的性，是由人努力修养而可以改变的。这一点很有新意。

但是，性即理一说最值得关注的一点，则是作为宇宙万物法则的理，在人体中也存在，并且是作为人类本质的道德性的根据而存在的。换句话说，宇宙的自然法则性与人类的道德性是有极大关联的。

理气世界观，不仅描述了宇宙的生成与运动的理和气，也是决定人性善恶机制的人类论，从人的角度来看，它还是以道德完成（人之理即为天理，也就是天命之性的自我实现）为课题的实践哲学。

这里的道德完成，不仅是完成它本身，更是以社会安定为目的。因此，既是道德上的课题，也是政治上的课题，具体来说，也是包含了从为政者的人格向上赋予政治大纲确立的课题。可以明显看出，理气世界观将自然、道德、政治视为一理相连的观念，这是很有特点的。

程明道所说的天理二字的新意，也许就是指将理的这种自然、道德、政治贯穿在一起的这种前所未见的庞大影响吧。

理的这种将自然、道德、政治贯穿在一起的影响，与欧洲中世纪的神左右自然界、人类道德、政治社会秩序的观点是非常相似的。就像神之中世纪自然法一样，理的世界观也可以看成是封建的世界观。即将社会的上下身份关系视作与自然秩序一样，是不可改变的。

但如后所述，理随时代的变化而变化，到近代时，也开始主张理即自由、平等，所以，理所具有的这种将自然、道德、政治贯穿性，也不能一概认为就是封建的思想。

理气论的发展

宋代理气论的作用中值得强调的一点就是，克服了天谴论式的，也就是有意志的、人格性的天观，取而代之，将天作为理时的自然法则的天变成了主流，并且为这一新局面提供了理论依据。

取代将灾祸（自然）视为天谴而要求皇帝修德（道德），对应灾祸作出政治调整的主宰型天观所立的自然、道德、政治的连环，构建了以天理为连环的理论。这种宇宙万物皆有理的想法，也就是说对于人类来说，万物皆可识。如"天者理也"，或是朱子所强调的"万物皆有此理"这些说法，在当时可以说是有如下变化。如世界对于人类来说变得能够辨识了，或是世界不是由超越人的绝对者的意志所运动的，且并不是超越人类知性范围之物。这样的思想，可以说是对于人类认识能力的高昂喜悦的赞美之声。

如前所述的理先气后的观点，正说明了对这样的理之依赖及依赖性的增强。宋代所说的理，相比起气来，拥有更强的力量。

前述程颐的"所以一阴一阳道也"的观点被后世的朱子学所继承，分成了"所以然之故"与"所当然之则"，成为重视理的根本力量的理论基础。

这种观点指出，不仅应遵守"所当然之则"，也就是作为应然（应该是什么，应该做什么）的仁义礼智的诸多道德法律，还应追求探寻道德之所以称为道德的根源（所以然之故）。

因此，人与事物被强烈的系于这种自己之所以为自己的根源的理中了。

拿修养论来说，仅仅将气质的性向仁爱、理义方面做正确的道德是不充分的。具体来说，应是平静驱动气质的性的欲望、感情等的波动，也就是用所谓的主敬静坐等方法，来观察被认为是气质的性的深层中存在的天命的性。这是将作为现实形态的气质的性不断地向天命的性靠拢的方法，或者说是将气质，也就是欲望、感情不断向理，也就是规范靠拢的方法。所以，它常常是非常严谨的（严格主义的）。

这样一种理观的形成，作为那个时代新的思想光芒，还在其他方面带来了对于理的探究,并促进了向着理的靠拢。

在哲学史上,这种理的优势,被认为是理气二元论之理的优势。也就是说,将理作为在气的深层处控制气的运动的根源,也就是说理和气是作为二元存在的。但是理作为气的统御者,在地位上占了优势。

这样一种理的二元论的优势,随着朱子学的扩展而改变,到了明代,开始向理气一元论的观点发展了。

向理气一元论发展

关于理气一元论,参照到此所讲的观点,就是将作为气的深层处根源的理,看作是气的运动条理的理,也就是说变成了包含于气中的理。理的位置发生了变化。结果,理从统御气的运动的统率者,变成了可以说是气的运动条理的向导身份。本来是在气之上的理,变成了气的同位者,退到了一个探索者的位置上。

拿修养论来说,从将作为气的运动的欲望、感情,无限接近于无的无欲志向,变成了在承认欲望、感情乃自然之物的基础上,引导欲望、感情向正确的方向发展。这种新的修养论即是明代中叶王守仁(号阳明,1472—1529年)所提出的致良知说。

王阳明将理看作是"气的条理",并不认同"所以然之故"作为根源之理的存在。作为心即理说发展而成的致良知说，就理气论来说，可以说是一门如何正确发挥气的条理的学说。

从理气二元到理气一元的变化，这样看来，可以理解为是向着重视人类现实形态的欲望、感情的方向发展了。

这是由于，比起宋代，明代的地主农业经营和工商业都获得了进一步发展，经济活动繁荣。

还有一点不得不说的理由，就是在宋代那种对理的探究的热情正在渐渐减弱。

在宋代，即使是在南宋的朱子时期，天谴论的观点依然有很深的影响力。因此，主张事物所对应的理，关于理是否存在的议论也十分活跃。但经历元代进入明代之后，天即理的观点，万物皆有理存在等观点已经被作为常识所接受。这时候作为课题的，反而是如何正确发挥理的实践问题。这与因自然、道德、政治贯穿而不能将自然作为自然领域独立出来，只能通过探究事物的理来探究自然科学的倾向，更多的是倒向了通过人的行为事例来探究道德的应有姿态。

实际上，对于明代知识分子来说，如何在经济上的新矛盾中维护社会的安定成了重要的课题。因此他们向理气一元的方向，也就是从一开始就将气看作是人的欲望、感情，将理看作是社会的规范，向着探究如何正确在社会中发挥欲望、感情的一路上前进了。

其实从元代到明代，特别是有明一代，讨论天命之性（也称本然之性）与气质之性的关系，比任何一个朝代都要盛行。并且占主流地位的，不是将性分为天命与气质的二元论，而是将气质的应有姿态与天命之性视为同等的一元论。时代的趋势正在朝着对人类的关心，尤其是调节人类欲望的方向而运动。

天理人欲论的发展

像这样向着调节人类欲望方向发展的论述，比起理和气对人类来说，称为组合概念的天理和人欲更为受到重视。

即使说到天理和人欲，这两个词也不能简单地置换为规范和欲望。

例如有人曾问朱子，"饮食之间，孰为天理，孰为人欲"，朱子答道，"饮食者，天理也；要求美味，人欲也"（《朱子语类》13—122）。由此可见，自然的本能欲望被称为天理，但如果有过度或是偏差，这里就显示出了人欲一词。朱子不仅对于人欲，对于私欲一词也有如下描述，"私欲不是别有个私欲，只心之偏处便是"（同上，20—108）。也就是说，私欲不是一种特有的类型，心之偏失就是私欲。这样看来，至少在南宋时期，人欲、私欲，或是己私这些词所拥有的意义，与现代我们所理解的意思有着很大的偏差。

当时，人们为了将欲望、感情等引导向其应有的正确姿态，通过主敬静坐来抑制欲望感情的波动使其趋于平静，而想在这种静谧状态中，寻找应有的正确姿态的根源。

那么，不主张压抑欲望、感情，而主张追求正确的发挥方法的王阳明又如何呢？他从包括情的心全体都具备理的心即理说的立场，更进一步基于致良知说，提出了致良知即认为将欲罢不能，自然而然迸发出的道德感情的流露是正确的这一观点。反过来说，有意的，例如为了获得褒奖或荣誉的道德行为，他称之为人欲、私欲、己私。

朱子与王阳明之间，虽然不能说在天理人欲概念上没有变化，但在从道德观点看是否应该否定人欲这一概念上，两者是不同的。

肯定人欲的天理

在16世纪末，明末后期这种变化变得明显起来。李贽（号卓吾，1527—1602年）与吕坤（字心吾，1536—1618年）等是其先驱者。

李贽在《焚书》（卷一）中说道，"穿衣吃饭，即是人伦物理，除却穿衣吃饭，无论物矣"，吕坤在《呻吟语》（卷四）中也说道，"人于吃饭穿衣，不曾说我当然不得不然,至于五常百行,却说是当然不得不然,又竟不能然"。也就是说,前者认为穿衣吃饭等衣食生活,也就是人类生存的必需条件,是人伦物理问题中最应当为,即可称之为理的问题,若仅仅将日常起居的礼仪做法或是举止动作认为是理的问题,是不对的。

这里虽不能将个人的过食或节食等进食方法,也就是个人本能欲望的控制的方法等问题都一一涵盖,但可以看出人类的生存欲是否充足这一社会问题慢慢浮现出来了。

作为社会调和的理

到了明末清初,如陈确(字乾初,1604—1677年)的"天理正从人欲中见,人欲恰到好处,即天理也……欲即是人心生意,百善皆从此生"(《陈确集》别集卷五),王夫之(称船山先生,1619—1692年)的"人欲之大公,即天理之至正"(《四书训义》卷三)、"人欲之各得,即天理之大同"(《读四书大全说》卷四)等理论,从那之后直到现在,"人欲"一词明显开始包含了欲望,但却并不是单纯的个人内部的本能欲望,而是社会欲望之生存欲、所有欲等含义。

船山先生的"大公"或"各得"等,虽然他没有明言,但从他当时所著的文献中可以窥视一二。便是以土地所有制的矛盾为背景,以生存欲与所有欲的调解问题为主题的思考。所谓"大公",即实现一种全体公平的状态。所谓"各得",即描述一种个人之间相互满足的状态。

清朝中叶的戴震(字东原,1724—1777年)首先从正面提出这种社会欲望调和问题。他在《孟子字义疏证》中指出,"饮食男女,生养之道也,天地之所以生生也……是故去生养之道者,贼道者也。细民得其欲,君子得其仁。遂己之欲,亦思遂人之欲,而仁不可胜用矣(仁义怎么用都还有剩余)。快己之欲,忘人之欲,则私而不仁"(原善),在实现自我生存的同时也实现他人生存的称为仁,反之则称为私。

戴震将理改称为"分理"。他的一个主要论点就是,创造调节欲望(生存欲等)间的条理的新理观。

人欲一词有偏重欲望的含义,曾经有人提出过在肯定欲望的基础上,作为欲望的条理的理观,在此之上,明确的发展成了社会调和条理的理观,这种社会调和即为同时满足自身与他人的欲望。这就是从宋到清理观发展的大概。

在这里值得注意的是,人欲一词包含欲望的含义,并且是受到肯定的。但与它相对的天理概念也并没有受到否定,而是转换成了作为欲望的条理的天理。也就是说,单纯地将天理与人欲看作是规范与欲望,或是像日本的义理与人情那样固定作为二者对立的构造,都称不上是正确的道路。

这时候，人们依然认为人领受了天赋的道德本质，这一点也是值得注意的。由此得出以下这种乐观主义的观点，各个欲望相互调和才是人类本应有的姿态，而人类先天就拥有调和所需要的道德的本质。

这里认为，追求欺凌他人的私有欲望，对于人类来说，是非本来姿态的、非人类行为的。这一点与欧洲近代思想中私有财产神圣不可侵犯的观点是背道而驰的。

情与理

对于清朝人来说，由于人情这一词的崭露头角，使得作为规范的理非人情的一面被放射出来，这一点也值得我们注意。因此，理渐渐向情靠拢，并且天理人情、情理等词也开始被使用。

与戴震同时代的纪昀（1724—1805年）就著有志怪小说《阅微草堂笔记》一书，通过描写世间细琐之事与神怪故事，时而愤世嫉俗，时而又以幽默反讽当时社会。其中就有这样一则故事。

某村有位童养媳（幼时便迎进门等长大后结婚），因不堪忍受姑婆的虐待，逃回了自己的娘家。她的母亲因为不忍女儿受苦，便将她藏在了别处。到了衙门打官司的时候，知道内情的邻居被作为知情人传召。这位邻居明白说了真话之后，这位童养媳就会被带回姑婆家，遭受虐待，很可能还会有生命危险。

但如果装作什么都不知，存心说谎话，就可能致使二人离婚。邻居十分苦恼，于是就去神前求签。但不管怎么摇，签也不掉出来。也就是说，神也觉得很苦恼。这里突出描写了不管媳妇应该伺候姑婆的出嫁之理，还是虽说是童养媳，但已经嫁入他人的女性就不该出逃的妻子之理，都没能胜过同情童养媳被虐待的人情。可以看出在这里理向情做了妥协。

也就是说，虽然与作为社会调和的条理所发展的理不同，日常生活中作为规范的理也有因封建色彩而与人情相反的一面，这在清朝逐渐成了被批判的对象。

综上所述，本章对理气世界观，特别是其中理的发展概要做了大致说明。这里需要再次确认的是，在这些人间世界的理中是以三种类型的理为基础的，便是（1）具有道理性、公正的理，（2）被认为是遵循人类本质的人类性的理，（3）具有普遍性，不论何时何处都通用的理。

并且，这三种理，从宋代开始直到近代，几乎没有怎么改变过。

但不同的是，（1）的变化是，被认为公正道理的内容，如在南宋时它是一种中华民族观，认为国家被称为夷狄的异民族金所击破，但在近代则转变为反对黑人白人种族歧视的民族平等观。（3）的变化是，在宋代认为寡妇不再嫁是人类性的表现，在近代却认为男女平等才是人类性的真实表现等。这两点是随着时代变化而变化的。

近代理的发展,最具代表性的一例就是前述的孙文的三民主义。(1)(2)(3)点均在他主张的公理中做了近代化的改变。中国的理之发展道路,可以说是漫长、切实的。

| 第三章 |

中国的自然

日语中的"自然"

"自然"一词在日常生活中经常被用到,具有很多的含义。但是江户时代时,并没有像现在一样将它作为名词使用。

安政五年(1858年)的《和兰字汇》中记载称其为NATUUR的译语,被译为"造物者所创之物""本体""造物者的力量""造物者"等,并不被看作是"自然"。但NATUUR的形容词、副词形式的NATUURLIJK则被译为"自然得""自然的"。可以看出,在当时的日本,"自然"一开始是作为形容词、副词来使用的。

明治六年(1873年)的《英和字汇》中将NATURE译为"天地""万物""宇宙""本体""天理""性质""造物者"等,"自然"虽也夹杂其中,但到了明治十四年(1881年)的《哲学字典》中,虽然有"本性""资质""天理""造化"等意思，但"自然"却不在其中。也就是说，在当时，"自然"还没有被确定为NATURE的译语。明治二十四年（1891年）的国语字典《言海》中，虽然将"しぜん（自然）"一词作为名词记录在篇中，但它的意思是"自然而然、天然"。在第二年，明治二十五年（1892年）的《日本大辞林》中也将其解释为"自然而然、自我一人"。

像现在一样表示名词的"自然"，应该是在进入明治三十年（1897年）之后才确定下来的。

我们在考虑中文的自然时，与之相对的日本的概念，应该是"自然而然"，而不是欧洲语言中所代表的名词的意义。这一点必须记住。

也就是说，我们现在无意识中使用的自然界，人之自然等名词，既包含了外来概念，也许还含有一些传统的"自然而然"的意味。可能已经有些偏离了外来语本来的意味。那么这样，我们在考虑中国的"自然"一词时，应该首先弄清楚我们语言中的自然所代表的含义。

欧洲语言中的"自然"

我们先来看看外来概念中作为名词的自然的语义吧，以欧洲语言中也算古老的语言希腊语为例。

亚里士多德的《形而上学》，描述了自然，也就是物理（physis）在当时是如何使用的。根据书中所述，事物的生成因（例如植物的种子）、事物的始动因，或者是物的根源材料被称为自然。这里可以看出，自然一词有分析事物与回溯事物的倾向，与中国或日本所说的"自然""自然而然"等作为语感的情况是不同的。

还有，中世纪的托马斯·阿奎那所著的《神学大全》中，就有运用了这种分析型、回溯型的理论。例如，我们说物生物，那么第一个生成的物又是因何而生的呢？如果不假定存在着自我不从任何物中生出，并且可以生物的第一始源者，是不可能达到物的始源的。所以这正证明了神的存在，神作为第一始源者/创造者远在物之上。

我们认为人之自然即为人类的原初态，或是本质，也许就是受到了欧洲语言中自然的这种始源或根源的影响。但是，另一方面，在日语中，人之自然不仅仅表现了人类的原初或本质，它有着更广泛的应用。说起人之自然，除了代表始源、本质，还包含了无造作之美、纯粹性，人类性应有姿态、美态的意味。我们应该追寻这种语感从何而来。

中文的"自然"

那么中文中的"自然"又如何呢？

中国的自然也并非不含有问物始源的含义。《庄

第三章

子·知北游篇》有云,"有先天地生者物邪?物物者非物。物出不得先物也,犹其有物也。犹其有物也,无已",即为此。如果将天地的始源视为物,并且有先于此物之物,那物将已不再为物。这正是因为不生于物且自可生物的物是不存在的。但即使如此,从古至今,物也一直存在。在这里,可以如托马斯·阿奎那推导出神存在理论时一样,反而可以视为创造者是不存在的。亚里士多德对生成因、始动因这一观点,持怀疑、否定的态度。

这一疑问由3到4世纪的郭象(约252—312年)所继承,他接受了《庄子》一部分的传承,并说道:"吾以阴阳为先物,而阴阳者即所谓物耳。谁又先阴阳者乎?吾以自然为先之,而自然即物之自尔耳。吾以至道为先之矣,而至道者乃至无也。既以无矣,又奚为先?然则先物者谁乎哉?而犹有物无已,明物之自然,非有使然也。"

"物之自尔"是指"物之所以为物的姿态",与"物的自然"同义。

那么郭象所说的"自然"又有怎样的含义呢?郭象还曾云,"天地者,万物之总名也。天地以万物为体,而万物必以自然为正。自然者,不为而自然者也……不为而自能,所以为正也"。由此可见,自然并不是由第三者将自己的意志从外部强加而造成的,而是得于自身隐于内部的力量。并且还包含它的存在状态,就是它本来的正常存在状态之意。

这里认为物因自身力量而存在，对物来说，那就是它本来的、正当的存在状态。换句话说，将自然理解为本来的、正当的思想，特别是将自然与正当结合在一起的思想，是值得重视的。

为何这样说呢？原因在于，有关自然正当的含义，在我们日本的"おのづから（自然而然）"中是见不到的。

日语中的"おのづから（自然而然）"

例如本居宣长（1730—1801年）在《铃屋答问录》中曾说过，"庄子所云之自然，非真正之自然……庄周等始尊自然，但其所说所为，又全非自然"，这可以说是对老庄所述自然的批斗，他还提出，"成行，乃任其应有之事"。我想宣长是认为，中国人，特别是老庄，使用自然这一概念进行的哲学讨论，是对"违背自然之强事"，也就是对本应有的状态、对自然而然的一种亵渎。

这里有一个不常见的例子，见于宫本武藏的《五轮书》，说道，"得道理而离道理，兵法之道，有自然与自由，得自然与奇特，有时知路数，自然而出，自然而终，是皆空之道"。

这里的"自然"与"自然而然"相同。这里是说连剑法的道理都已忘记，修得的法术运用也不得而知，只随着对手的动作而自然的行动，这样一种"自然而然"的剑法的境界。

"おのづから"这个词,分"おの・づ・から"三部分组成,"おの(己)"是指自己自身,"づ"是指"的","から(柄)"是从表示人柄、日柄(人格,吉凶)的"から(柄)"而来,即该物本来所具有的性质,本性的意味。这里归根结底是指本来所有所具,或是由内而外表现出的本性。因此,武藏主张的是那种由内而发的自然而然,任凭自我的活动。

贺茂真渊也曾说过,"与天地同行,自然而然之事,仿如生物之物"(《国意考》)。所谓自然而然之事,正是天地万物的生生自体。不论宣长还是武藏,他们或许是觉得人或物所具有的生命运动,是一种看不到的力。

由此可知,日本的"自然而然",是说不加外力,让此物以自身的本来性,由内而外自然运动的意思。在这一意义上,虽与中国的"自然"有相通之处,但它并不具备中国的"自然"所表现出的正确性、条理性。但反过来我们可以看出,这种将自然扩展为具有正确性,具有万物生长的条理性的观点,正是中国的"自然"的特点。

中国的"自然"的发展

中国的"自然"与正确性、条理性相结合,经常与天理或理等词相结合,有天理自然、自然之理、理之自然等用语。

因此,"自然"的发展,与前述的理或天理的发展有着非常密切的关系。

例如前述的郭象,将君臣的上下之分比为手足的上下之分,说道,"君臣上下,手足外内,乃天理自然,岂直人之所为",就是说君臣上下关系乃是超越人之作为,是本应有的状态。这里认为自然是不能为人力而改变的,带有命运的意味。

这种命运型的君臣上下的自然,在近代,由朱子所继承,他曾说道,"君臣之义根于情性之自然,非人之所能为也"(《朱文公文集》卷七二)。这里也将君臣之义认为是自然形成的,但指出这与手足关系一样,是不以人的意志为转移,超越人的意志的正确性不同,是由人类的情性,不由自主地,发自内心的流露的自然。这对于人类,可以说是更主体化的自然的正常。

朱子亦说,"(和乐之时尽食哀凄之食,食物难以下咽)此二者即天理自然而言,真情自有所不忍处,而非人所强为者"(同书,卷五七)。这里的情性之自然是指人的真情流露、感情活动,君臣之义在感情上,也自然是内在的、自发的情绪。

然而,在这里应该注意到的是,朱子并未将饮食的情欲之自然与君臣上下的道德性之自然区别开,也就是说他将两者均认为是无造作的真情。

但实际上，我认为应该将人类之自然是属于欲望还是道德性作为论点。即使都表示本质，也应将二者区别看待。对其不作区别，对于道德性的自然不作推敲，将君臣之义视为真情之自然，结果不得不将人无条件的拘束于君臣之义上。就是说，同样是道德性，若是见人危难而同情，从而生出恻隐之心的情，的确可以说是自然之真情，但忠君与尽孝，真的是无条件的吗？就留下了这样的问题。

吕坤的"自然"

朱子关于自然的理论是不彻底的，到了16世纪，有的思想家开始明确地将人之自然分成欲望的自然与道德的自然。

吕坤的"拂其人欲自然之私，而顺其天理自然之公"即为此。这里可以看到作为天理自然的道德的自然，与作为人欲自然的欲望的自然。

本来，由于自然一词含有正确性及条理性，即使与天理或理相结合，也不应与有反面意义的、招来人欲与私念的词相联系。这样的结合，正是由于前章所述的，此时有肯定欲望的社会风潮的大背景。但这里的"人欲自然之私"的自然，并不主张人欲或私念，这些对人类来说，是固有的，或是具有正确性的。如"拂"一词所指，人欲之私,也就是自我的欲望(生存欲或所有欲)被矫正,以完成天理的公,也就是与他人的调和。或者是说在趋向正确性的中途阶段时的、预定达到正确性的自然。

即便这样,将自然二元化为欲望的自然与道德的自然,这与只是道德的自然一元的人间之自然,已经有很大的不同了。

那么,被二元化为欲望的自然与道德的自然,究竟是对立的,还是统一的呢?又出现了这样的问题。对此作出回答的便是戴震了。

戴震的"自然"

戴震说,"由血气之自然,而审察之以知其必然,是之谓理义;自然之与必然,非二事也。就其自然,明之尽而无几微之失焉,是其必然也。如是而后无憾,如是而后安,是乃自然之极则。若任其自然而流于失,转丧其自然,而非自然也;故归于必然,适完其自然"(《孟子字义疏证》卷上)。他认为自然分为"血气之自然",即欲望的自然,与"心知之自然",即道德的自然。如前文所述的自然,从一开始就指血气之自然,必然近似于心知之自然。

那么这里所指的是,欲望之自然不失其正确性,此正确性即为义理,欲望之自然表现正当时,就会达到自然至极的必然状态，这时就获得了调和。如果放纵欲望而不管，那么就会丧失欲望本来的自然，那就称不上是欲望的自然了。到底调和之状态，才是自然之全体。这里特别值得注意的是，最后一句"若任其自然而流于失……而非自然也"。

总之，欲望之自然达到调和才是自然。如若不然则不能称之为自然，这也正明确地说明了关于自然的正确性、条理性的含义。这里所指的欲望，必须是由人类本来的道德性所导出的正确的条理，是对性善说的强烈的乐观主义思想。我们可以看出，道德的自然与欲望的自然，通过戴震的"自然至极"，也就是"必然"回归于一体了。提出这种观点的并不止戴震一人。实际上这正是中国思想的特点。

这里我想起了霍布斯的《利维坦》，其中有一段著名地将人比喻为狼的自然法的讨论。

和上述看法正相反。也就是说霍布斯认为，人类之欲望应被无限放纵，这是第一的基本自然法。但由此而发生的相互间斗争的结果，是永无止境的相互杀戮。人们彼此之间为了保全生命而保持理性，相互承认他人的欲望，由此带来调和。达到这种相互的一种契约状况被认为是第二的基本自然法。这里由于欲望所产生的斗争，理性所产生的调和，被认为是两个阶段。这与戴震的论点相比较的话，可以看出，戴震认为欲望是人之自然，因此并没有趋向调和的这一阶段。这与无条件确立私有权的欧洲的政治思想不同，在中国，不如说是认为限制私有权是达到调和的前提。

像这样，中国思想将全体调和作为第一来考虑的特点，也体现在了近代思想中否定私而肯定公，重视共同性这一侧面上，这一观点我将在第四章为大家讲述。

调和的自然

但是这里还想提到的一点，包含正确性与全体调和意味的中国的"自然"，现在又该如何看待呢？

我们虽然客观地分析了自然科学，但实际上这个"自然"是基于欧洲的"自然"概念而产生的。通过中国的"自然"概念去分析"自然科学"一词时，若是其中包含了实现正确性或调和的意味，那么科学的内容也会有很大的不同。例如由于过度便利的器具而造成人类运动机能的退步，工业制品所带来的自然的破坏，药品生产所导致的公害，等等，都促使人们形成反自然科学的观念，回过头来，反思自己的自然观。

或者从国际法观的角度来看也是如此。例如清末的刘师培（1884—1919年）就曾说过，"法律基于天性之自然，故云自然法。不论何国，其不相谋而各遵奉制者，皆源于人性之初者矣"（《中国民约精义》卷三）。这里所说的"人性之初"也就是人类性情之自然的乐观的国际法观。

这就是说，由于人之自然完全趋向于正确性与调和，所以基于此的国际法，即国际性的自然法，必将实现和平。

在这里，国际法是基于各国的排他性国家主权，还是基于人类普遍的正义观，仍潜藏着很大的问题。通过对"自然"的推敲，应该可以让我们在已经习惯传统欧洲世界观的思维框架中，从另外的角度感受一些思想之光的照射。

| 第四章 |

中国的"公"

公与オホヤケ（OHOYAKE）

公一词在日语中有音读的コウ（KOU）与训读的オホヤケ（OHOYAKE）两种，而这里的コウ（KOU）是因为与当时中文的发音相同，所以才音读为コウ（KOU）。而训读的オホヤケ（OHOYAKE）则是由于当时日语中的オホヤケ（OHOYAKE）与中文的公的意思相同，才被作为公的训读，也就是翻译语词。类似于一边将英语的God音读为ゴッド（GOD），一边将它翻译为日语的カミ（KAMI，神）。

就如被译为カミ（KAMI）的日语究竟与欧洲的God所表示的内容有多少相似之处呢？同样，公与オホヤケ（OHOYAKE）究竟是否一致，也就成为应该探讨的问题。

就结论而言，中文的公与日语的オホヤケ（OHOYAKE）还是存在很大差异的。

オホヤケ（OHOYAKE）的来源

为了了解它们之间的差异，首先需要知道オホヤケ（OHOYAKE）究竟是什么意思。

オホヤケ（OHOYAKE）可以分解为オホ・ヤ・ケ。オホ是大的意思。ヤ与ミヤ（MIYA，宫殿）、ウマヤ（UMAYA，马厩）的ヤ同义，是建筑物、设施的意思。而ケ则与表示酒（サケーサカ，SAKE-SAKA）时一样，是可以与カ交替使用的词，与表示アリカ（ARIKA，行踪）・スミカ（SUMIKA，住处）的カ同义。因此，オホヤケ可以看作是表示拥有环绕高墙的大门；占地宽广，建筑华丽的设施。《日本书纪》的武列即位前纪中有歌中这样形容某地（大和国添上郡）地名，歌中唱道，"越过ものさは的オホヤケ"，这里用"ものさは（MONOSAHA）"来形容オホヤケ，意为丰盛，也就是说在オホヤケ中聚集着共同丰收物或税租等物资与财物。

一方面，虽然在《新撰姓氏录》中的"依据大家而负大宅之臣之姓"大宅氏，与前述《日本书纪》中用地名来做氏族名，一般同为豪门大族，但作为氏族名的オホヤケ（大宅、大家），与作为皇家一系的ミヤケ（MIYAKE，三宅）氏族不同，是作为臣系氏族而存在的。由此可以推断出，オホヤケ是以首长为头领的，某种土著氏族的共同体。

它既是为军事或土木建筑事业设置的金库，也是共同体，特别是作为农业据点而具有大共同体的中枢的功能，如宅神祭（YAKATSUKAMINO祭）这样的农耕典礼也在此举行。

并且这种共同体，在一般由民众会议代表和由首长代表的两类共同体中，属于后者，是由首长为代表的共同体。

由此，日本的オホヤケ语义的来源，可以归结于是由首长性与共同体性来组成的两个概念。

公的来源

在中国，金文与甲骨文所涉及的范围内，公一字均用来表示尊称，可以认为公首先是与首长有关联的。而随着时代迁移，在《诗经》中出现了公与私的对比，以及"公堂"这一表示共同场所的名词，可见公也可表示某种共同体的概念。

到此为止，公与日本的オホヤケ的来源几乎相同，并且到了后代，例如中国的公在汉代以后，与日本奈良朝廷之后的オホヤケ同样，都成为代表官府、朝廷，以及国家的概念。オホヤケ作为训读被认为与公同义，便是由于以上的共同点。

但中国的公在上述之外，还有着另一层意思。后汉的

第四章

许慎（约58—约147年）所著的中国最古老的字典《说文解字》就引用先秦《韩非子·五蠹篇》，将公解释为"平分"，将私解释为"奸邪"，将公私作为在道义上相对立的概念。

这样一种道义上的概念，在《韩非子》之前的《荀子》中就有使用"公道通义""公平""私欲""曲私"等词。至少到战国末期为止，公私的一般用法，不仅代表首长、共同体概念，还涉及道义上的概念。

这种道义上的概念是如何形成的并不是很明确，但可以提出一种可能性，那就是中国的天概念向公概念的渗透。这里的天，是在《庄子·大宗师》《吕氏春秋》《礼记·孔子闲居》中反复出现的"天无私覆，地无私载"这一对万物全体生存性的描述。

例如在《庄子·则阳》中就有类似的描述，"四时殊气，天不赐，故岁成；五官殊职，君不私，故国治……万物殊理，道不私，故无名……是故天地者，形之大者也；阴阳者，气之大者也；道者为之公"。可以看出，天之四季与国之官职，与万物的理相同，应是无私的，应是与道的公相关联的，政治与天相同，均应具有无私的道义性。

这里我又想起了《吕氏春秋·贵公篇》中有名的一节，"昔先圣王之治天下也，必先公。公则天下平矣。平得于公……天下，非一人之天下也，天下之天下也。阴阳之和，不长一类；甘露时雨，不私一物；万民之主，不阿一人……天地大矣……万物皆被其泽，得其利"。

天下太平时，恩惠遍及天下万民，恰如天地之恩泽不偏不倚，降身于万物一样。这一节，明确地表明了天下必须为公（公平，公正），天之公与天下的公思想是有关联的。

也许正是由于受天-天下概念对比君国概念来说处于上位的这种中国独有的思想状况，以及天与道促进公（公平，公正）这一老庄家思想的影响，才产生了在《荀子》《韩非子》中所描述的道义上的公私概念，才有了上述《吕氏春秋》的一节。

除此之外，公还有"公开"的意思，这可以看作是来源于要向共同体的构成全员公开的这一关系。因为在这一点上，公与オホヤケ并无差异，由此可以认为，公与オホヤケ的不同，主要体现在中国的公具有的"平分""奸邪"的道义性以及二律背驰的原理性，而日本的オホヤケ不具有这种原理性，自始而终只是用来表示首长-共同体这一领域性的概念。

政治领域的オホヤケ与公

将オホヤケ称为领域概念，是因为オホヤケ只表示场所的概念，没有进一步的升华。例如现在人们也在使用的观念，对于个人来说，街道村落就是オホヤケ，对于街道村落来说，省这一单位又是一个大的オホヤケ，而对于省

·第四章·

来说，国家又是一个更大的オホヤケ。像这样构筑成拥有上下层的金字塔结构，最终可以得出，对于日本人来说，日本国就是最高一级的オホヤケ这一构图。例如在《伊氏物语》中，"公之颜有愠色"，就是指天皇脸色不好的意思。也就是说这里的オホヤケ是指天皇本人，以首长为代表的共同体的オホヤケ，在这里代指首长，也就是天皇本身。

换句话说，日本的オホヤケ的最高位就是指国家或天皇，并没有比他们更高的终极意义。

之所以这么说，是因为有中国的例子在前，在中国，皇帝并不被直接称之为公。不仅如此，皇帝有时也被称为是"一姓一家的私"。之所以将皇帝称之为私，是因为在国家、皇帝之上，还有天、天下这一上位概念。从天、天下是绝对公平的这一概念出发，皇帝或是一个王朝，也只是一个私的概念。并且这里的私不是作为领域概念的私，而是私有天下，即作为"奸邪"的私。在这里公超越了皇帝、朝廷、国家，作为首长、共同体的公概念，指更上位的原理性的公。也就是说，中国的公并不像日本的オホヤケ一样，具有天皇、朝廷、国家作为最高位的终极概念。

国家主义的オホヤケ与民族主义的公

近代之后，说起Nationalism，日本更多的是指国家主义，而中国更多的是指民族主义，这不能不说与上述是全无关系的。

例如福泽谕吉（1835—1901年）就曾说道，"诸藩的交往情况……藩与藩的交往上不免各存私念。其私对藩外而言固然是私，在藩内却不能不说是公，是所谓各藩之私情。此私情不是高倡天地之公道能够消除的，只要有藩，其共存可传之无穷……在世界中立国，只要有政府，则无可除其国民私情之术"（《文明论概略》卷六）。他认为将所谓藩之私情或国民之私情与天下之公道对比，"可传之无穷""无可除之术"。在他看来，为了藩或为了国，如果从其内部来看，可能是公的行为，但如果从其外部来看，便成为相对于其他的藩或国而主张自藩或自国的私，这个私是"各藩之私情"，是"国民之私情"。而这个私，不应该由"天下之公道"，即公平公正等名目而去除，为了藩或国家，这个私，是应该、必须存在的。这里可以明显看出在明治时期，以自己国家富强为第一要义的国家主义。

而另一方面，与此相对的，孙文（1866—1925年）在三民主义中提出的民族主义中认为，"天下为公"，即福泽所说的"天下之公道"是第一位的，这里强烈主张民族的平等。

三民主义中说道，"我们今日要把中国失去了的民族主义恢复起来，用此四万万人的力量为世界上的人去打不平，这才算是我们四万万人的天职"（《三民主义·民族主义》），"欧洲各国人是主张侵略，有强权，无公理……因为这个缘故，所以说以后战争是强权和公理的战争"（同上）。这种民族平等的主张固然与中国当时是半殖民地国家有关，这不能否认，这种理论的基础，正是因为中国传统中主张公（公平，平等），主张"天下为公"的思想。这种民族自立，即为了民族的公，与世界各民族平等，即人类的公的思想有紧密联系。可以很明显地看出，在其中，并不包含福泽所说的国家=公这一与其他国家相对立或有矛盾的概念。

领域性的オホヤケ与原理性的公的差异，在这里也可以看出。

公立与公有

接下来，来分析一下中日的公所相通的，作为共同体的公有何差异。

在日本，说起公有财产、公立设施，这里的公有、公立即指官有、官立的意思。公园、公会堂、公民馆等也是指官家设立的。单纯指代民间设立的，使用"公"字的场所，是不存在的。

与此相对，在中国，例如清末文献中的"（亚洲）为白人所公有""（国民）公立政府"等说法中的"公有""公立"，译成日文就是共有、共立的意思。同样，所谓"公产""公国"，也就是国民的共有财产，由国民共有之国的意思。可以再举一个浅显易懂的例子，在某宗族内部，属于同一宗族的家族将自己的私有田捐献出来设立共同经营田，以救济宗族内的贫困家庭或作为优秀子弟的学资。这里所说的共同经营田被称为公业。这里的公与民间的私横向联系起来，也就是说与私连成体的公。这与日本说起公有地、公立设施时，是排除私权，完全官有、官立的，完全不含私的概念，形成了鲜明的对照。

由此可以看出，虽然同为共同体的公，日本的公的共同性，还停留在首长。共同的首长是作为官管辖的共同，如果说这里的共同从官领域这一意义上被称为领域上的共同，那么中国的公的共同性，则表现在私与私的联系所组成的共同上。

此外，如公害、公民等，这种中日均用来表示社会的公，就不能用上述不同来区分了。

ワタクシ（WATAKUSI）与私

ワタクシ（WATAKUSI）的来源并不十分清楚，但可以确定它只被用于某个狭义范围内。

也被用于第一人称单数的自称，恐怕这是从所谓微不足道的谦称引用而来的。这种狭义上的，被限定的意思，在ワタクシアメ（私雨）这一词上体现得淋漓尽致，私雨

第四章

仅指在限定的区域内下的雨。不管是作为第一人称单数的私，还是私雨这种描述，在中国都是不存在的。在中国，用自己、己、我，来表示第一人称单数。之所以在日本用私来指第一人称单数，也许是因为日本的私，并不具有中文中"奸邪"这一不好的意思吧。

事实上，在日本，与オホヤケ的领域概念相同，ワタクシ也表示了某种大的领域（例如与自家的ワタクシ相对，村落等世间的オホヤケ）。即含有某个オホヤケ在更大的オホヤケ之前，也可以看作是ワタクシ的这种相对关系。由于这种领域概念，它的存在也不会被原理性所否定。

与此相对，在中国，从私这一汉字的结构可以看出，它与公字共用"厶"。《说文解字》中说道，在古代，"私"并没有禾字旁，仅由厶来表示，而公一字，将厶一字用八字分开，表示背向厶字。《韩非子》中曾将厶解释为"自环"，如其形，是围起来的。也就是说厶是排他的、围起来的，而加上代表作物的禾字旁，即代表了一个人将作物围起来，占为己有的意思。不管怎么说，这里都含有利己、自私的不好的意思，所以被称为"奸邪"。即在中国，私与ワタクシ同样，一方面表示公田与私田，公门与私门，这一作为共同体的政府、国家，相对于个人、私人领域的概念；另一方面，也表示与公相对的原理性的概念，私在原理性的概念中，是被否定的存在。

中国革命（如"文化大革命"中"大公无私"这一标语）中，经常会批判与公（平等、公正）相对的私是利己、偏私的。或是例如在清末，相对于"国民的公国"，即国民共有的国家，对"朝廷的私国"，即朝廷将国家私有化，或是对与"众人之自利"相对的"一人之自称"等持否定态度。私在革命派的议论中总是被否定的，正是由于上述原理性的概念。

与此相对，在日本明治以后，就成立了所谓的私小说的体裁，通过暴露自己的内心或自己的家庭生活，从而主张受社会或国家所压迫的自己，或是揭露社会的矛盾，或是控诉社会或国家的非人类要素等。这种私小说中的私，与オホヤケ-ワタクシ那种阶层式的ワタクシ不同，指自己、家庭这种限定的私的领域。不管怎么说，这也正表现了日本的ワタクシ的存在没有被原理性否定的特点。

顺便说一下，中国的近代文学的主流是由鲁迅文学为代表的，以中华民族的兴亡，民族共同的课题，即公=共同的世界为主题的所谓社会小说占了大半。比起个人的内心世界，以社会问题或革命课题为主题的小说更为主流。

这样的差异，与两国对于个人的存在方式有着密切的关系，如日本特别是世界大战之后，作为オホヤケ的国家权力消退，作为私领域的个人权利被进一步确立，而中国，特别是在毛泽东革命之后，是优先建立全体共同的社会主义的公（人民公社就是一个典型的例子）。

天下为公

如前述所说，中国的公概念，（1）朝廷、政府、国家，（2）公开这两点与日本的オホヤケ相同，但除此之外又有（3）公正、平等等原理性的独有概念。

这种公正、平等的公，在《礼记·礼运篇》中有明确的描述。

孔子曰："大道之行也，天下为公。选贤与能，讲信修睦，故人不独亲其亲，不独子其子，使老有所终，壮有所用，幼有所长，矜寡孤独废疾者皆有所养，男有分，女有归。货恶其弃于地也，不必藏于己；力恶其不出于身也，不必为己。是故谋闭而不兴，盗窃乱贼而不作，故外户而不闭，是谓大同。"

开头虽写有"孔子曰"，但可以确定这只是借圣人言而不是孔子真的说过这样的话。并且《礼运篇》究竟是承继了墨家系还是道家系的思想还有待争论。这里并不对这种争论加以赘述，希望大家注意以下三点：其一，这种乌托邦的思想，从编撰《礼记》的后汉开始就存在于中国人的思想中。其二，虽然这种思想实际上没有加入当时的治国方针中，但如后述，对皇帝的存在方式展现了一定的规则力。其三，这种"天下大公""大同"的思想被清末的变革思想所继承，衍生出了康有为（1858—1927年）的《大同书》，孙文的三民主义等被称为大同主义的论点。

《礼运篇》所描述的大同思想，虽然是在清末才开始开花结果的，但"天下为公"的公，在此之前就对皇帝的权力有了一定的限制力。

例如后汉的郑玄（127—200年）就对这个"公"作了如下解释，"公犹共也，禅位授圣，不家之睦亲也"。之后唐代的孔颖达（574—648年）对此又作了如下补充，"天下为公，谓天子位也，为公谓揖让而授圣德，不私传子孙，即废朱、均而用舜、禹也"。《礼运篇》中的天下为公与皇帝位是毫无关系的，这一点显而易见。郑玄等的解释只是牵强附会罢了。然而，正如前章提到的《吕氏春秋》中的"天下非一人之天下"，这种对于皇帝的"公"的规制，在这里也起到了一定的作用。

也就是说，从汉代到唐代，作为公正、平等的原理性的公概念，在政治的场合，作为与皇帝的政治、皇位的继承的公正的方式相关的概念存在了下来。

宋代的公

宋代之后政治社会变得更加开明，从唐以前的贵族世袭制（虽然科举制从隋朝就开始实行，但只是辅助性的、部分性的），向以科举为主的官僚制移行，政治变成了皇帝与官僚阶层全体的责任。主要指皇帝的存在方式的公，也开始指官僚的存在方式，原理性的公向官僚阶层全体扩展开来。

如朱子在做地方官时,有中央的权势子弟骑马将平民的孩子踢倒,使平民的孩子身受重伤,手下的人都称应畏其权势不予责罚,朱子怒斥手下,并将权势子弟杖责以示处罚。又如他在担任税务监督官时,弹劾与当时宰相有亲属关系的某州知事,迫使其辞官。这些故事都表明了在政治社会中作为原理性的公,在官僚阶层中亦有影响。

但这种公并不标榜为行为基准。反而在当时有德的官僚士大夫中,更注重与行动相关的,个人内心世界的公的修养。

程明道的《定性书》中说道,"夫天地之常,以其心普万物而无心。圣人之常,以其情顺万事而无情。故君子之学,莫若廓然而大公,物来而顺应",所谓"廓然大公",即不能拘于心或情的好恶,而是应顺应天地自然的条理,以无心为目的。

这里的公,换言之,即应不含有偏心或过犹不及的私之概念。像这样,宋代的公,虽然扩展到官僚士大夫之间,但仅是对于个人的内心世界而言,这种公正、平等的原理,与其说是社会关系中的客观规范,但更多是指个人主观悟到的一种境界。

天下自然的公,即天理的公这一词组也是这个时代的产物,如在讲述理时也讲到的一样,作为理的天命的性(本然的性)如何在自我中实现,如何在道德的本性中实现自我生存，是由是非公否来决定的。在这一意义上，公即为理的存在方式。可以说在自我中确立了理的生存方式，即在结果上造就了上述朱子所为。

明末的公私

进入明代后，社会经济更是有了大幅度的发展，明末时如第二章所讲的肯定生存欲、所有欲的风潮扩大，相应的，肯定私的理论也开始出现。

李贽（号卓吾），就曾言，"夫私者，人之心也。人必有私，而后其心乃见。若无私则无心矣。如服田者，私有秋之获，而后治田必力"（《藏书》卷三二），就是一个典型的例子。这里的私是指私有欲，只有满足了私有欲，人才会开始努力工作。

那么在此之前的天理的公对应人欲的私，公私，也就是公正对奸邪的二律背驰的关系，由于对私的肯定化，又有怎样的转变呢？对此顾炎武（1613—1682年）指出了一定方向。

他认为，自从天下间有了家庭以来，人们都特别的重视自己的父母孩子，这种人之私情，原是情所难免，世之君子们所谓的"公而无私"，不过是"后代之美言"罢了。他举出周代给封建诸侯分封土地的封建制度，依据井田法向人民均分私田等例，称这种"合天下之私以成天下之公"(《日知录》卷三)才是先王之训。

也就是说,人民的私有欲及私人领域,作为整体调和并使其充足,这种私与私的调和状态即为公。到此为止,公从无私有公,发展成了公中有私或在私的基础上的公。

后述的土地分配论,在这个时期,例如黄宗羲(1610—1695年)的《明夷待访录》中就有提到。李贽与顾炎武的观点,是伴随工商业发展私有财产的确立,因地主制土地所有的发展而引发的土地所有间的矛盾,及从此衍生的私有的要求为时代背景的。

清末的公私

像这样不再排斥私,反而将私与私进行调和的新的公,在中国的公的历史中,是值得重视的。这种新式的公,清末以来受欧洲近代思想平等观念的渗透,为了实现所有的私的平等充足,即抑制特定的私(专制君主、大地主、大资产阶级的私)的经济上的平等,经济的平等主义开始盛行起来。

清末有名的大动乱,太平天国之乱,就是由基督教的平等思想为触发,虽然实际上没能实行,但提出了天朝田亩制这一共产制度。

他们提出,"凡天下田,丰荒相通,此处荒则移彼丰处,以赈此荒处,彼处荒则移此丰处,以赈彼荒处。有田同耕,有饭同食,有衣同穿,有钱同使,无处不均匀,无人不饱暖也",并说,"天下人人不受私,物物归上主"。他们想实现在被称为上主的天父上主皇上帝之下的平等的共产社会的梦想。这里以自己的私与他人的私相通为前提,否定了与他人的私不相通的排他的私。这里所否定的私,与宋代的个人内心的偏失与过犹不及的私是不同的,这里的私以私有为前提,是指扰乱整体充足的排他的私。也就是"合天下之私以成天下之公"的公,另一方面,对于扰乱此公的新的私,也就是排他性的私有欲,是持否定态度的。这样一种排他性的私,在清代末期,是极受指责的。

《大同书》

康有为的《大同书》完全否定了这种排他性的私,描绘了一个清一色的公,即完全平等的乌托邦式的世界。

在他所描绘的世界中,以人种的差异、男女的差异为首,各国的国境、家族之间的隔阂等,所有的差异与界线都被认为是私,是予以否定的。在那里,保育园、养老院完备,土地全部公有,即共同所有,所有的人都依靠公产及共有财产生活。在这篇文章的序中,康有为一开始就解释前引《礼运篇》的话,他说,"故只有天下为公,一切皆本公理而已。公者,人人如一之谓,无贵贱之分,无贫富之等，无人种之殊，无男女之异。分等殊异，此狭隘之小道也。平等公同，此广大之道也。无所谓君，无所谓国，人人皆教养于公产，而不恃私产……此大同之道，太平之世行之。惟人人皆公，人人皆平，故能与人大同也"。在汉唐时期指皇帝位的天下为公的公，在这里指无贵贱、贫富、人种、男女差别的平等公共的存在方式，排他性的私，在这里可以表示差别。

多数国民的公与少数专制者的私

在清末，给予否定的排他性的私，还可以表示少数人的专横跋扈。

清末的革命家，陈天华（1875—1905年）就曾说道，"吾侪求总体之自由者也，非求个人之自由者也，以个体之自由解共和，毫厘而千里也。共和者亦为多数人计，而不得不限制少数人之自由……现政府（指清政府）之所为，无一不为个人专制、强横专制者，其干涉也，非以为总体之自由，而但以为私人之自利"（《论中国宜改创民主政体》）。这里的自由，少数人的自由，是指个人专制，少数蛮横之人的专制，极少数特权阶级的私人的自利，具体是指清朝皇帝的权力。总体的自由是指大多数汉人国民的共同的自由。使用"个人"一词代指专政者，并具有否定意味的用法在当时是比较常见的。例如清末的无政府主义者刘师培（1884—1919年）就曾说道，"主权者本国民公共之权……君主者亦国家之个人也，岂可以个人而擅公有之权利乎"（《中国民约精义》卷二）？这里的个人明显指代君主。

这里明确指出公是多数者、国民全体，而私是指少数者、专制者。在中国革命的这种构图中，推进了将少数者、专制者作为个人、私来加以否定，标榜多数者、人民全体利益的公的革命。可以说这种观点继承了该公概念的传统，从那时候开始就有了社会主义的倾向。

这一点，与完成认同私权的前提下，为维护私权而建立政府的法国革命思想所体现的对私权的尊重，与依据领域性反而使个人或家族领域从オホヤケ领域中区分开来，在扩大的"ワタクシ"领域上发展起来的日本的资本主义的私权等，是截然不同的。

孙文的"大同"

这种在中国近代时期反"私"的特点，在被称为"中国革命之父"的孙文的三民主义思想中也表现得淋漓尽致。

孙文说，"因不愿少数满洲人专制，故要民族革命；不愿君主一人专制，故要政治革命；不愿少数富人专制，故要社会革命"（《三民主义与中国前途》），民族革命的民族主义，政治革命的民权主义，社会革命的民生主义这三点，它的出发点便是否定少数专制=私。这里的自由，比起孙文自己所说的如"散沙的自由"（分散的沙子的自由）一般的个人的自由，更多的是指四亿人的"一个大团体"的自由，也就是以国家民族的自由为第一要义。并且，正如他所说的那样，"法兰西的自由与我们的民族主义相同"（《三民主义·民族主义》），个人自由基本上被当作与国家民族的命运不相关的自我的行为，是被予以否定的。此外，他还说道，"孔子的'大道之行，天下为公'，便是主张民权大同世界的"（同民权主义），"人民对于国家不只是共产，一切事权都是要共的。这才是真正的民生主义，就是孔子所希望之大同世界"，"民生主义就是社会主义，又名共产主义，即是大同主义"（同民权主义）。这里的"大同"，以否定少数者的专横，进而否定少数者的利己主义，以构筑共同利益为三民主义的基础。在他看来，应该寻求的自由是指民族全体的自由，权利是否定专制者的国民全体的权利，平等是相互的经济上的平等。在这里不仅完全没有提到个人的人权、个人的私有财产权，而且他认为这些应该是从原理上被否定的概念。

特别需要注意的是，与民族、民权的中国意义上的公共自由一样，他主张经济的平等也应该在公的名义之下。

"我党则欲（不是个人发财）人人发财……如君欲真

发财，必人人发财，乃可达真发财目的"（《党员应协同军队来奋斗》）中所讲的那样，"个人发财"即个人经济的成就，只有在"人人发财"，即全体共同的经济成就中才能达到，这种观点正是民生主义的根本所在，这与他所讲的社会主义、共产主义的共同性是一样的。

民生主义的实质是所谓的平均地权（土地价格上涨的部分由国家承担）的思想，这种思想可以明显看出是受到了黄宗羲的土地分配论及传统的（孟子的井田论以来）田制论思想的影响，但也不可否认，传统的公正平等的公概念，孕育了容易产生这种思想的土壤。

| 第五章 |

宋学的兴起

所谓"宋学"

宋学在广义上是指宋代的学问思想，在狭义上则是指南宋的朱子学及北宋思想中与朱子学有关联的思想。因此，宋学还有基于朱子学特长的各种称呼，例如因朱子学重视理而称之为理学，或是从性即理的论点引申出的人性论，与理气论相结合的角度来命名为性理学，抑或因为重视道德这一点而称为道学。

具体来说，收录在朱子编撰的《伊洛渊源录》中的思想家一系就是狭义的宋学的来源。伊洛本来是指黄河的支流洛河和伊河，但由于生于伊洛沿岸的河南省嵩县的程颢（1032—1085年），程颐（1033—1107年）两兄弟以洛阳为中心展开活动，故这里代指两人的学问思想。朱子以程家兄弟（一般称为二程、二程子等）为中心，将以二程师从的周敦颐（1017—1073年）为首的交友及门第的信息收集在内，由于二程与朱子学的深厚密切关系，狭义的宋学也被称为程朱学。另一方面，狭义的宋学还被称为濂洛关闽之学，指生于濂溪（湖南省）的周敦颐、活跃在洛阳（河南省）的二程、生于关中（陕西省）的张载（1020—1077年）、生于闽中（福建省）的朱子，也就是朱熹（1130—1200年）之学。在这里，除去朱子以外的北宋四位思想家，均是因在朱子们编辑的《近思录》中收录的遗文而广为后世所知。由此可以认为，这四位思想家再加上邵雍（1011—1077年），就是狭义的宋学的来源。在这里我们可以将从北宋的邵雍、周敦颐、张载、二程到南宋的朱子的发展，以及与朱子学相关联的团体理解为狭义的宋学吧。

宋代之所以被分为北宋、南宋，乃是由于下述的历史经过。女真族建立的金国以北部入侵，侵占了宋朝的半壁江山时，宋朝将位于北部黄河流域沿岸的首都汴京（今河南省开封市），迁到了南部的扬子江南的临安（今浙江省杭州市），在被元朝灭亡前，大陆一直都保持着北部的金（1115—1234年）与南部的南宋（1127—1279年）的两分天下的状态。为了与这个南宋区分，它之前的王朝被称为北宋（960—1127年）。

· 第五章 ·

宋学兴起的背景

那么,与以上狭义的宋学相对的,从广阔的视野出发,纵览整个时代,社会等变化的广义的宋学,又是怎样的呢?例如北宋有司马光(1019—1086年)、王安石(1021—1086年)、苏轼(1037—1101年),与朱子同时代的南宋有以心学闻名的陆九渊(1139—1193年),有被称为功利派的叶适(1150—1223年)。他们分别在形成宋代的思潮时起到了关键的作用,那么将这些思想作为一个广义的整体来看待时又如何呢?

为此,我们首先应该透过北宋、南宋来了解宋这一时代的特点。

宋代唐代之间夹杂着可以看为战国割据时代的五代,宋代与唐代之间可以说是有非常大的变动,这种变动在历史学中被称为唐宋变革期。

中国自秦始皇(公元前259—前210年)以来,建立了以皇帝为中心的中央集权的官僚政治体制,此后从汉到清的两千余年,这种制度一直绵延不绝,但实际上,在这期间,包含有几个历史变动期。在这些变动期中,规模最大的就数从唐到宋的变动了。

首先从社会来看,从秦到唐的王朝,基本上都是以诸侯为基础,也就是在各诸侯联盟上建立的王朝,特别是六朝之后,更由世袭的贵族门阀掌握政治势力。而与此相对的，宋代取消贵族制度，开创了新兴地主阶层掌握势力的新时代。结果，在以门阀官僚制为主的隋唐时代，科举考试只作为非门阀出生者的辅助机构，但在宋代以后，地主阶层的官员全面推举科举考试，确立了以非制度官僚群组成的中央集权制度。

在经济上，货币经济大肆兴起，商业工业与城市发展迅速，铁质农具可以廉价买卖并大量生产。农业的生产力提高，与外国的贸易活动也十分昌盛。

在文化上，这个时代已经开始普及书籍的印刷，并在11世纪中叶发明了活字印刷。由于煤和焦炭的普及，陶瓷行业变得十分流行，制造出了很多精美的陶瓷器。由于茶具的普及，茶产业也开始发展，还有发射火药所使用的圆筒形器械的发明，指南针的利用等，在对外活动与知识分子和老百姓的日常生活中，产生了各种新的变化。

在思想史层面上，如第一章所述，这个时代引起了天观的转换，从有意志的、主宰性的天观向自然法则的、理法性的天观转化，人们基本上认为可以依据人的力量维护社会秩序，天则被看作是道德的根本。

王安石的改革

王安石便是在这种时代变化的背景中登场的。他连续推出了青苗法、市易法等新的政策，这些政策被世人称作新法。青苗法是指在春天的种植期借给农民钱或种子，到秋收期使其归还。市易法是指给商人提供贷款，加速商品的流通。以上贷款国家都会收取一定的利息，但利率比起地主和豪商向贫农和小商人收取的利息要低，因此被评价为振兴商业的好政策。

但是，它一方面削弱了地主豪商对贫农及小商人的控制力；另一方面，又有国家对经济市场的强力介入，因此，受到了地主豪商们的强烈反对。反对派的代表势力，便是以《资治通鉴》闻名的司马光。他在王安石失利之后继任宰相，将新法一一废止并恢复旧法。新法的推进派被称为新法党，反对派被称为旧法党，新旧两党的斗争一直持续了五十多年。

关于新旧两党斗争的原因，今后还需进一步讨论，但大致可以认为是由于新法是由国家主导，并强势介入民间地主、小商贩的关系，及商人间的流通路线。

但王安石确实在一些方面做出了改进。例如科举的考试科目，他成功逼退在唐代视为主流的诗赋与注疏之学，将考试科目引向重视经义及策略，即经世理念与方针的道路上。他废除了唐代以来的门阀制度，确立了以实力征用官员的方针，实施了以建立强力官僚体制、强有力的皇帝制中央集权国家的政治目标。即使围绕青苗法及市易法等发生了新旧两党之间的纠纷，但他以之为目标的国家体制却为后世，直到清朝的政权所继承。从这一意义上来说，他对后世国家体制整体框架的建立，发挥了很大的历史作用。

新体制的秩序观

虽然王安石与司马光及二程等处于对立的地位，但他们中间有一个共同点，那就是他们的思想中都包含有自然法则的、理法性的天观，这是需要注意的。

例如第一章我们曾讲过唐代对于蝗灾的应对方法。王安石认为，蝗灾不仅不是什么天谴，而是应由地方官处理的事务，皇帝不应过多干预。这种合理主义的姿态，被周围认为是一种"天变不足畏"的傲慢，深受非议。但在此可以看出，他们对于合理性的天观的理解是共通的。

此外，王安石对于科举的改革也被后世所继承，并且，他在科举考试中意图进行的经义的统一，也由之后朱子学的经义一同所继承了。可以说对于新体制秩序应该进行的方向，王安石与他的反对者都是一致的。

那么使得他们如此对立的原因究竟何在呢？

这里有一个可以窥见其端倪的材料，便是在后世，清代初期，有人对王安石的青苗法与朱子提出的社仓法作比较。青苗钱是由县借出的，而社仓的谷物是由乡里借出的。青苗的出纳由官吏掌握，而社仓的出纳由乡人士君子掌握。青苗法的目标在于富国，而社仓法的目标在于救荒。这些都是两者的不同之处。社仓法是指在丰收时低价买入谷物并囤积,在青黄不接或歉收时以低利贷出的制度。朱子将此事的运营交给以"士君子"为中心的乡村共同体,是明确乡村中地主、自耕农、佃农之间的阶级秩序的思想,在这一点上,显然与王安石是对立的。

结果,朱子虽然与王安石同样倾向于皇帝制中央集权的官僚国家体制,但他认为这种体制的末端乃是承认地主阶层权益的乡村共同体。这与王安石并没有考虑到这种乡村共同体的思想,是完全不同的,也就是说,新法与旧法的对立,归根结底,是源于这样一种路线的不同。

这样看来,北宋时代在政治上改变了前朝的贵族制体制,一边创立官僚制中央集权国家的框架,一边形成以新兴地主阶层为中心的社会型的乡村共同体秩序,这可以说是一个过渡期。在这一过渡期的矛盾中,周、二程、张等的濂、洛、关之学,他们在以理法解释天这一认识上与王安石的思想共通,但在是否承认乡村共同体秩序这一点上,显然他们是站在同意观点的一方。

承认乡村共同体秩序,也就是说他们在维持秩序这一点上,更依靠民众的道德性。这也就是为什么他们的思想是向着基于民众道德教化与道德性之间的相互牵制、相互扶助的方向上发展的。因此,之后他们的思想,染上了所谓道学派的道德重视的强烈色彩。与此相对的,王安石是从由国家官僚来规制乡村的方向,提倡重视法的思想。在依靠道德还是法这一点上，两者也是对立的。

这种对立情形在南宋朱子学完全形成之后才清晰起来。在北宋阶段，这种对立还处在没有明显构图的混沌状态中。由此可见，宋学的兴起，处于唐宋变革期的过渡阶段。

朱子学的形成

前面我们讲到清代初期有人对青苗法和社仓法作了比较，但其实朱子自身也作过相同的比较。这种比较从朱子一直延续到了清代，这是值得注意的。历经元、明、清三代，王安石在与朱子的比较上，一直都处于劣势，作为人们批判的对象所存在。反过来说，在后世的评价中，朱子一直都比王安石处于优势地位，这也是值得注意的。

关于朱子学的特点，可以举出以下几点。第一，它首先继承了二程之学，主张"天即理"的自然法则性、理法性的宇宙观。其次，它继承了周敦颐之学，主张"太极"为根源的宇宙生成论。它还继承了张载之学，主张"气"为宇宙质材的宇宙构成论等，主张合理的宇宙观。第二，认为政治的原理不是法治，而是道德治。第三，主张皇帝制中央集权的官僚制，但同时，也以此为基础，以确立乡村的地主制的秩序为目标。这三点之中，第二、第三这两点是与王安石所对立的，也是朱子一直处于优势的根本。

实际上，历经元、明、清三代，地主阶级的经济力量是随着时代变化而逐渐增强的。地主制的秩序随着时代的变化，变得更稳固。

与之相随，宗族等血缘共同体的宗法、乡村等地域共同体的乡约等，这些共同体的伦理观念随着时代变化而受到重视，儒教的孝悌，即上下秩序伦理的思想，被看作是这种共同体伦理的轴心，在实际的运用中得到了发展。可以看出，朱子学在这一后世推移的思想中，是先声夺人的。

再回头看看作为狭义宋学先驱的二程与张载之学。他们在当时，已经表述了对宗法的重视，故从后世回溯时，也可看作是走在时代先驱的思想家。结果，狭义上的宋学，也就是朱子学的形成，是在改变唐代为止的旧体制的同时，开拓了将要到来的元、明、清时代的思想，可以说，它是最符合时代要求的思想体系。

如果从这一看法出发，功利派的叶适等人，比起道德，更关注利于民生的政策。这一点上，功利派所起到的历史性作用就很有限了。即他们所提出的民生政策，虽然被明、清的官僚阶层所继承，但与包含民生政策，并进一步主张道德的民治观念的朱子学，从综合性上相比，就不能不说是略逊一筹了。

朱子学的哲学特点

朱子学既是政治学、道德学，同时也可称为是一个独立的哲学体系。

如前所述，它是一种合理性的宇宙观的学说。虽然说宇宙是由气组成的，但具体来说，它表现了这样一种理的观念，即气与宇宙现象、万物生成有实质上的关联，宇宙现象或万物，是所有气体、液体、固体的生成、运动的条理。它包含有宇宙万物皆由理气构成的理气世界观的思想。

对于人来说，理存在于本然之性。因此，拥有性即理的论点。人之本然之性，是人类在宇宙秩序的理中最合理的存在方式，亦即道德的完善状态，对这种完善的追求可以说是终极目标。

在朱子学中，理气论中的理更加受到重视。这正体现了对天即理的认知，体现了想要将一直到前朝，或者说直到宋代都还受到影响的天谴论的天观除去的意念。对于理的这种重视，与作为性即理的人类的道德完成相关联，从而不得不产生了被后世所批判的那种道德主义的倾向。

这种理气论，作为人类论来说，产生了以理为本然的性，与以气为气质的性，这种二元化的理解。此人性论虽然是从张载、二程那里继承而来，但朱子进一步提出了恶即为气质的性的混浊，只要将这种混浊净化，显现出至善的本然之性，那么无论是谁，都可以成为圣人。

通过不断学习就可以成为圣人，这一观点，在周敦颐那里，就已经被提出。唐代的韩愈还认为圣人是超越性的存在，但在宋代，认为人人皆可为圣人，这不得不说是一种划时代的思想。

朱子学包含理气论、人性论与修养论。这种对道德修养的追求，即使在同时代的人看来，也认为是有些"偏激"的。

作为具体的方法论，可以举出格物穷理与主敬静坐。以所有事物都存在理为前提，探究事物应有的理之姿态，特别是在日常实践中应该求理之穷尽，通过阅读经典来学习圣人之道，这是格物穷理的方法，另一方面，也开辟了对事物予以客观认识的道路。

同一时代的陆九渊，则是提出了心即理的论点。他认为，贯穿宇宙事物的理法只有一个，它汇聚于心，我们应该参照以内的宇宙理法。这种主观性的实践方法，虽然以我心为主这一点上，主观性非常强，但由于缺乏客观性，所以在哲学史上的影响，与朱子学相比，就较为逊色。

但是朱子学也有主敬静坐这一方法。这是将气质的性的动摇与混浊，也就是通过平息感情与欲望的动摇，使心灵静谧以求显现心灵深处的本然之性，这种内向直观的方法与陆九渊的实践方法是相通的。

源于这样一种方法论，朱子学重视读书与静坐。但由于它与一般平民的生活方式相去甚远,自然变成了士大夫、知识分子,或官僚阶层之学。明朝时,由于会考在民间广为流传,因此这种修养实践被嘲笑为是"道学先生"迂腐的生活态度。

但在南宋时期,如朱子自身所说,"一有刚毅正直、守道循理之士出乎其间,则群讥众排,指为'道学',而加以矫激之罪",道学之名在道德实践上其实是指一种不容妥协的过激之举,由此可见对于腐败利己的官僚来说,它是一种让人畏惧的存在。

如果换一个角度来看,确立了新天观的人们,获得了人类主义的思想,将社会与政治的存在方式与人类自身的力量,具体来说,就是以相信人类的圣人性的道德主义的人类观为依据,来实现心中的理想。这可以说是时代的新春风了吧。

| 第六章 |

宋学的发展

朱子学在日本的发展

这个"宋学的发展"中的宋学,是指南宋时成立的朱子学。在元代、明代流传的宋学中,虽然也包括陆九渊所谓的陆学,但其中影响最大的,还是朱子学。在元代恢复科举考试时,使用朱子对四书(《大学》《中庸》《论语》《孟子》)的注解作为统一的经义。之后朱子学通过明、清两代,确保了体制教学的地位。因此对后世带来的影响,在宋学之中也是出类拔萃的。故这里所说的宋学,就是指代朱子学。

但是朱子学在中国的发展,与后续阳明学的发展有密不可分的关系。

宋学在中国境内的发展放在下一章讲述,这一章将重点介绍它在东亚的发展,特别是具体介绍一下它在传入日本后的各种发展。

首先为大家讲一个小故事。

庆长二年（1597年）丰臣秀吉向朝鲜再次出兵，也就是所谓的庆长之役时，藤堂高虎的军队俘获了一名朝鲜官员。他名为姜沆（1567—1618年），是儒家学者辈出的名门之后。他被绑架至日本，一直被拘留在藤堂领地的四国松山上，第二年被移送至伏见，软禁起来，正是在这时，他结识了藤原惺窝（1561—1619年）。惺窝对姜沆很是敬重，并向他请教朱子学。同时姜沆也被与其他粗野武士全然不同的惺窝的修养所震惊，没想到"日本国竟有如此之人"，互相很是敬爱有加。这时，在二人之间，有着否定日军在朝鲜的残虐行为的共同认知，并且均以依靠儒教的道德治理社会为理想。在当时惺窝承认各国风俗语言有自己的独立性，在此之上，认为"理之所在……此邦亦然，朝鲜亦然，安南亦然，中国亦然"，相信理存在的普遍性，这是值得注意的。

这里体现了东亚世界各国的独立性与相互的普遍性相关联的问题，或者说是民族主义与国际主义相关联的问题。到此为止，例如拿中国和日本的关系来说，中国的文化单方面的流入日本，接触到中国文化的日本学者，对此文化只持有赞同追随或否认反驳的想法，将两者作为对立的对象，承认它们相互的独立性，这种思想，在当时是几乎不存在的。因此在惺窝与姜沆之间产生的这种相对的观点的存在，在思考日本对朱子学的吸收时，是值得重视的。

日本对朱子学的吸收

在江户幕府初创时期，既有德川家康的政治观，经由藤原惺窝与其门下弟子林罗山（1583—1657年）吸收了作为政治道德之学的朱子学，这在当时是众所周知的。事实上，在当时17世纪初期的中国，如第十章所述，由李贽、黄宗羲等提出的肯定欲望与否定君主等划时代的新思想正在兴起。从常识的出发点来考虑，这些思想的传入也是毫不奇怪的。在当时的中国，阳明学比朱子学更为盛行，朱子学甚至有了成为批判对象的倾向。

由此看来，惺窝与罗山没有关注同时代的中国思想，而是对14世纪之前盛行的朱子学进行了研究，这不得不说有其特异之处。为什么这么说呢？这是因为到此为止中国文化向日本的传播，一般是同时代的中国文化如水往低处流一般自然而然传入日本，这才是当时的惯例。惺窝与罗山等这种有意识的接受，加强了接受端主体的印象。

但朱子学其实早已在13世纪，即朱子学兴盛之时传入日本。此后，在五山禅僧与博学大家间诵读，流传下来。虽然说惺窝也只是继承了历史流传下来的部分，但从此朱子学经罗山之手，使得林家得以大学头的身份世袭担任幕府官员，主管文教政策这一后世的推移演变来看，江户初期的朱子学的吸收与在此之前的历史上的接受是不同的。也就是说，镰仓、室町时代，在禅林、博学大家等之间继承下来的朱子学，只是作为少数知识分子之间的教养或思辨的哲学存在。与之相对，江户时期，朱子学出现在政治舞台上，不久被古学派所解体，因此反而作为道德教学渗透到一般民众阶层中了。它的存在意义发生了翻天覆地的变化。

站在接受方的角度来看，与镰仓、室町时代无作为的接受当时中国盛行文化的朱子学不同，江户时期的接受体制，有着认同其为所需的主体性动机。在这一点上，也被称为有作为的、有目的的接受。

换句话说，在江户时期接受朱子学的根源上，有日本社会独特性的影响。正是由于这种接受是建立在独立性的基础上，后来的古学派才能够开辟超越它的途径。

近代社会的特点

那么社会的独自性又是指什么呢？它虽然只指战国的动乱平息之后，开辟的以文治枢要为中心的江户社会的独特性，但归根结底，它是经历了应仁之乱以来的战乱，日本进入近代社会的时代的变化。

简单地说，就是平安时代以来的贵族制社会完全消失，基本进入了平民社会。

说是平民的社会，但武士还是以世袭的支配地位凌驾于农工商民之上，但这里值得注意的是，战国武士已经不

第六章

是贵族，而是由当地有能力的农民组成的豪族集合体，他们是没有贵族社会中所谓的门阀一说的。也就是说，江户时代虽然有武士这一特殊阶级，但因其与农民出身同一根源，基本上可以称其为平民社会。但这种社会的特点是，不是基于血统等魔力的力量，而是基于武力或政治力量的支配原理。

在这个时代，贵族社会的庄园已经消失，农奴翻身为以自耕自营为目的的农民，并形成了村落，以工商业为中心形成了城市。运用什么样的原理来统治这些平民，成了为政者最关心的事。结果被选中的，不是依靠武力的武治，不是依靠刑罚的法治，而是依靠道德教化以文治的政治原理。这里含有吸收朱子学作政治道德之学的基础。

在这里如果我们回过头来看前面的章节，可以回忆起来，朱子学在宋代，是在由贵族制度的崩坏转换为科举官僚实力的时代中出现的，主张合理主义的宇宙观、世界观，拥有比起法治更注重以道德治理的政治原理，并且它的基础在于乡村的地主制度。

即使在江户时代，也已经建立了合理主义的世界观。即使与中国的不同，也构建了与乡村经济力量相关的身份共同体关系。在都市的工商业阶层，也建立起了主人、仆人的阶级关系。这个社会在身份、名分、职位的基础上，追求以道德教化为主的秩序。

即江户初期的社会，作为秩序原理，追求与近代更相适的近代儒教，那便是朱子学。但是，正如本书第一章、第二章所提到的那样，作为朱子学背景的中国的天观或理观，乃是中国特有的思想，因此，不能直接传入日本社会。反过来说，日本从追求形式上以天观或理观为背景的近代儒教这一立场出发，促进了古学派，也就是日本化的近代儒教的形成。

在这里让我们将视线转向朝鲜。朝鲜也在1392年李韩朝鲜建立时，实现了科学官僚制度代替之前高丽王朝奉行的贵族制度。在这一转换的过程中，高丽末期的李穑（1328—1396年）等鼓励朱子学，之后的李朝，更是有李滉（1501—1570年）等朱子学的学者辈出。这里从贵族社会向平民社会的转换中，也果然与朱子学的盛行有密切的关系。

朱子学的东进

在中国宋代以后，朝鲜的李朝之后，日本的江户时代以后的部分被称为近代时期。经过长长的过渡期，完成了时代的大转换。从图6-1中可以得出，这个近代的过渡，在中国为10世纪，在朝鲜为14世纪，而在日本17世纪发生，渐次向东迁移。

这种近代的东进，反映了朱子学逐渐向东迁移。可以看出，朱子学在本质上，是一种更适合近代的思想。这里

第六章

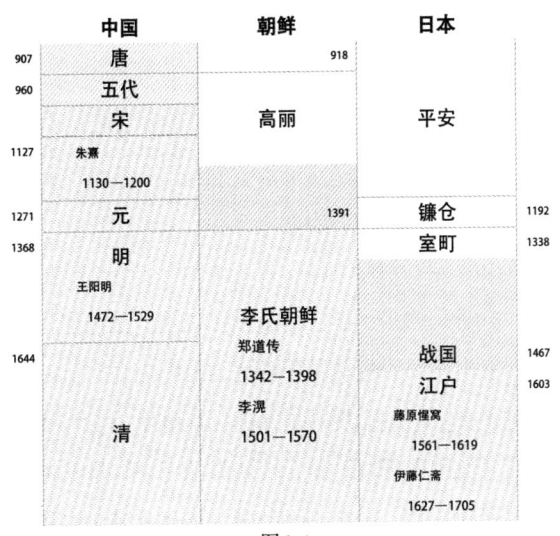

中国	朝鲜	日本
907 唐	918	
960 五代	高丽	平安
宋		
1127 朱熹 1130—1200		
1271 元	1391	镰仓 1192
1368 明		室町 1338
王阳明 1472—1529	李氏朝鲜 郑道传 1342—1398 李滉 1501—1570	战国 1467 江户 1603 藤原惺窝 1561—1619 伊藤仁斋 1627—1705
1644 清		

图6-1

让我们回到姜沆与惺窝的故事，进一步分析独立性与普遍性的关联。同为近代儒教，虽同以朱子学为出发点，但在中国，如下一章所述，可以说是朱子学的民众化在阳明学继朱子学之后兴起，最终达到了如第九章之后所看到的发展。与此相对，在朝鲜，从李滉的四端七情争论中可以看出，在士人中作为彻底的人间伦理考察的朱子学，后深入到民众层，贯彻了朱子学一家独尊的立场。从那里衍生出了朝鲜独有的经世实学思想。一方面，在日本，在吸收了朱子学与阳明学的同时，衍生出了批判朱子学的古学派，批判儒教的国学派等多种多样的派别。像这样，朱子在各国经历了独自的发展。

这样的差异基于各国在近代社会的构造与风俗传统的差异。同时受到朱子学东进的影响，根据各国社会形态的不同，朱子学也向不同的、各国独特的方向进行了发展。

朱子学在日本的变化

江户时代的朱子学由林家世代继承。从被称为林家鼻祖的林罗山，同时也从编著神道之类的书刊中可以看出，他们对于朱子学的态度是灵活的。从林罗山所写的关于朱子学的著作中也可以看出，他所说的理学，是一种强调人心中之理的活动，带有心学色彩的思想，其对朱子学的吸收，从一开始就带有日本化的思想。

这里的朱子学，特别是因为理观与日本人的传统思想，从而形成了伊藤仁斋、荻生徂徕等古学派。古学派、国学派，还有石门心学等学派，都是因吸收朱子学而受到知性的刺激，是以它为契机而兴起的学派，这是不可忽视的。

实际上，朱子学是一门以自然与道德、政治为一理而壮大的学问思想，朱子学思想的出发，可以说是东亚世界思想史上的一个大事件。古学派、国学派等的兴起，也可看作是朱子学的一种冲击波。

古学派对朱子学的理观持否定态度，主张直接回到《论语》《孟子》所代表的古代儒教思想，但这种否定思想，也是在朱子学的思想框架的影响中形成的。而主张反对儒教的国学，它的知性的分析态度也是由于吸收朱子学的主知倾向的潮流而形成的吧。

另一方面，朱子学那种称为宇宙自然根源、法则性的形而上的理观在日本并没有被接纳。但理为人类关系的道理、物与物之间的物理等，即日常伦理、自然科学的物理却被继承下来。前者有例如石门心学那样的民间道德实践之学，后者有例如兰学的杉田玄白（1733—1817年），受荻生徂徕的影响开始的洋学。虽然是日本独特的理观，但日常伦理、物理等限定范围内的普遍性被世人所接受，在世间广为流传。

这种广泛的影响一直持续到幕府末期。例如佐久间象山（1811—1864年）就吸取格物穷理的方法，来作为炮术学习的态度。横井小楠（1809—1869年）持有以道德为政治原理的政治观。或是明治的民权主义者中有人继承儒教中仁人志士的思想等，它们作为游离于朱子学的一般儒教，以灵活的姿态一直存在着。

日本社会中的儒教

像这样，在日本，朱子学作为一般儒教被灵活吸收，并没有像朝鲜那样互相竞争朱子学的正统性。日本社会对朱子学的吸收方式，也正是日本的独特性所在。

例如，中国在宋代以后，在科举考试中全面加入儒学因素，作为官僚的政治道德之学编入了体制当中。与此相对的，在日本，大名或武士并不全都是儒家的弟子，被称呼为儒者的人，更多的是远离官途的武士。像惺窝或罗山那样与佛门有关联的，处于体制外的人占绝大多数。以儒者身份从官的人，在政治的场合中，也多处于无足轻重的地位。

另一方面，中国的县学作为科举考试的一个阶段而带有封闭的意味。相对于此，日本通过在私塾等场所诵读《论语》等，在广大民间进行日常道德与读书写字的初等教育。儒教在民间教育上起到了极大的作用。

但是，在中国，从明代到清代，由于在乡村产生了被称为乡约的共同体制规约，使得儒教伦理在日常生活中也达到了教化的作用。但在日本，民间的共同体关系，多是通过守护神或檀家寺庙等，由神道、佛教来承担。如翻阅商人道德的教训书时就会看出，它多是由神、儒、佛三教混合而成的。民间一般受神道或佛教的影响比较深厚，从整体上来看，儒教的影响较小。

由于日本社会这种灵活多样的独特性，当近代西欧文明传入日本时，才得以机敏地与之相对应。一方面保留儒教、神道、佛教等汉学、国学之"和魂"；另一方面，又积极吸收西洋文明的"洋才"。

在中国，儒教思想深入官僚、知识分子之间，这种

第六章

深厚的传统一定程度上阻碍了吸收近代欧洲的法律契约等思想。另外，如第四章、第十章所讲述的，中国因为有否定"私""专利"等的重视"公（=均）"的大同思想，又或者因为以宗族血缘作为共同关系，所以阻碍了个人主义或私有财产权的确立，导致资本主义生产关系确立的滞后。总体来说，儒教思想、伦理等阻碍了外来近代资本主义的吸收。与此相对的，日本将"和魂"作为支撑国家主义的意识形态，轻易地推进了以富国强兵为目的的国家主导型的近代化、工业化。另外在日本的民间，比起个人或个人的血缘关系（ワタクシ），更重视自己所属的集团，例如国家或社会（オホヤケ）的集团伦理，也就是オホヤケ理论，这也就成了日本型资本主义内在的支柱。也就是说，促进了重视オホヤケ伦理（例如比起孝，更重视忠）的日本型资本主义的发展。中日两国近代化的差异，或许与两国之间儒教的存在方式的差异有着不可避免的关系吧。然而，最近又有了这样一种观点，即将亚洲金融圈资本主义经济的极速发展，全部归功于儒教伦理（即共同性、节俭、勤勉、重视教育等），对这一观点，今后也有必要多加讨论。

| 第七章 |

阳明学的兴起

朱子学的渗透

阳明学,主要以批判朱子学中格物穷理的观点而兴起,在这一点上,处于朱子学对立的位置上。另一方面,因以朱子学为前提而兴起,在这一点上,它又是朱子学的继承者。

阳明学在朱子学被取入科举考试,在官僚士大夫中广泛传播的过程中,以朱子学为前提,努力将朱子学向更广泛、更平民化的应用方向上做出了修改。就其客观作用来看,不如称之为朱子学的普及者更为合适。

但那个朱子学,并未像最初那样,受到广泛的欢迎。

相反的,朱子晚年被冠以"伪学逆党"之名,遭受了很大的打击,可以说是逆境重重。真正等到朱子的思想被士族阶层所慢慢接受,已经是他逝去之后的事情了。

例如,元代的许衡(1209—1281年)虽然世代为农,却在很小的时候就喜欢读书,在接触了程子和朱子的思想

· 第七章 ·

之后更是奋起为雄,留下了"纲常不可一日之于天下,苟在上者无以任之,则在下者之任也"的壮语。又例如刘因(1249—1293年)生于儒学世家,对幼年时便开始学习的汉唐训诂注疏文化颇有微词,却在偶然接触到程朱理学时,雀跃道,"这才是我真正渴望学习的思想",对程朱理学十分推崇。比起以知识学习为主的训诂注疏文化和以增加教养为主的诗词歌赋,作为道德实践的朱子思想,带给他更多新鲜的感悟。

其中极其重要的一点,也许是因为在被开放的哲学理念中,人人皆可为圣人这一观点刺激了他们的经世自负。并且,在地主阶层和士族阶层中开始萌芽的认知,即通过自己的经世之才,得以安乡土,得以安国邦,也是朱子学之所以受到推崇的一大原因吧。

但是,在朱子逝世71年后,南宋灭亡,元朝崛起。元朝曾一度废除了科举制度,汉人不得不接受比起文官,武官更受优待,比起汉人,蒙古人、色目人(西亚各国各民族的总称)更受重视的社会现状。

朱子学的体制化教育

正因为处在这样的境遇中,来自汉人"重开科举"的呼声居高不下,终于在元延祐二年(1315年)时,时隔30余年,科举再次举办了。值得一提的是,朱子的《四书章句集注》也在这次科举试题中被当作出题对象。

《四书》是指《大学》《中庸》《论语》《孟子》的总称。其中《大学》与《中庸》只是《礼记》中的两个篇章，并不能独立成书。这两篇能成为与《论语》《孟子》相提并论的儒家哲学，已经是北宋之后的事了。

此时，朱子又陆续编写了《大学章句》与《中庸章句》，前者可以说是入门级，后者可算得上是探求终极原理的一册了。而《论语》与《孟子》，则是成了衔接前后两者的阶梯。

在此之上添加了自己与北宋诸名家的注解编写而成的《论语集注》与《孟子集注》，这套《四书章句集注》可以说是朱子思想的精髓所在了。

将《四书章句集注》作为科举的出题对象，意味着朱子学被体制教育正式认可，也为朱子学的扩张与运用起到了至关重要的作用。

但是，这种体制化的教学制度，比起说是领导阶层强力的政策，更多的是基于要求重开科举的下层士人。由此可以看出，朱子学在当时的士族阶层中，受到了广泛的推崇。

明初的朱子学徒

这种状况在进入明代之后也没有改变。

例如在明代初期作为朱子学者代表的薛瑄（1389—

第七章

1464年），在幼年时接触周敦颐及程子的思想，感叹道"此问学正路也"，从而舍弃旧学，抄写《性理大全》，为朱子学而倾倒。《性理大全》是明永乐帝时，汇集朱子门下注解，与《四书大全》《五经大全》等一同编撰发行的。

此外，吴与弼（1391—1469年）在永乐年间阅读《伊洛渊源录》后尝言，"圣贤犹夫人也，孰云不可学而至哉"，遂志向道学，寄居乡里，与门下弟子一同边勤于农耕，边讨论学问。他日出而起，起即耕作，并斥责睡懒觉的弟子，"何从到圣贤门下"。自己的手指被镰刀割破时，还一边坚持一边说，"何可为物所胜"。

另有陈真晟（约1411—1474年），最初为科举考试发奋读书，但在听说官僚并不行士人之礼后，遂放弃科举，之后醉心于"圣贤践履之学"，即程朱之学。后来听闻吴与弼之盛名，变卖家财筹措旅费，并对同行的侄子说道，"死则瘗我于道，题曰闽布衣陈某墓足矣"。布衣是指没有为官的知识分子的通称，同时也用来表示精神生活的高洁与自我独立性的形象。

以上这些逸事表明，在明代初期，许多知识分子被朱子学打动，在日常生活中真诚地向着圣贤之学的实践在努力。

修正朱子学的动向

如上所述，朱子学深得人心，人们纷纷向实践朱子学的道德思想而努力，但另一方面，与之并行，很快就出现了修正朱子学的动向。

例如元代的吴澄（1249—1333年）就对朱子的理先气后（参照第二章）的理气二元论的理论提出异议，强调"无理外之气，亦无气外之理"，即理气相即的一元性。这与之后王阳明提出的理即气的条理之说是有关联的。

另外，明代初期的黄润玉（1391—1477年）对朱子将格物解释为物之理之"至"进行了批判，他认为，"物理具于吾心。学者以吾心之理，格合事物之理，是曰格物"，先于王阳明的格物说（后述）对朱子学进行了修正。与王阳明同时期的王廷相（1474—1544年）也认为格物的"格"应解释为"正"，这与王阳明的观点是相同的。

像这样开始对理气二元论及格物说进行修正，正可以看出，对于元、明代的知识分子来说，理由存在论正慢慢转变为实践论的对象。

在朱子学中，理作为存在论的比重更大一些。朱子认为，理即天=宇宙自然的法则，万物都存在于这种法则性中，这一事实，是完全脱离延续至前代为止的有意识的天观的，是值得充分强调的。因此他认为，理作为存在的依

第七章

据、原理，是比价值性的存在（=气）更具优先地位（理先气后）的，并且将追求此理之穷尽（格物穷理）作为学之中枢，是浑然一体的、不可或缺的。

但对元、明代的知识分子来说，情况却有所不同。对于他们来说，天=宇宙自然，不是由有意志的、不可超越的力量所主宰的，而是由理这一法则性来运行的，这已经成为一个已知的大前提。本来"天者理也"的命题，对于朱子来说，也并非以探究自然科学的宇宙万物为目的。它是为了探究作为政治、道德，或是人类存在的根据、原理的天究竟是什么而在的，对于元、明代的知识分子来说，就更是这样了。

对于他们来说，理是人类存在的根据，是自己该当何如的原理，归根结底是道德原理，而不是宇宙原理。对于他们来说，宇宙原理仅作为道德原理的根据而存在的，他们的第一要义，乃是自己明确那个道德原理，并且实践它。

时代的关心，从天向人，从存在论向实践论而转移，这正是阳明学兴盛的时代背景。

王阳明的致知格物说

王阳明（1472—1529年）在幼年时，曾与吴与弼门下的娄谅（1422—1491年）相遇，并向他请教程朱之学，为其"圣人必可学而至"一语深受感动，以后便志于圣人之学。之后中举踏上仕途，却在年满34岁时，因上奏批判宦官刘瑾的暴行，反被刘瑾所害，不仅受杖责之刑，还被流放到贵州省龙场驿，被贬为驿丞（驿站长）。

龙场位于贵州省西北部，是瑶族等少数民族的生息地。随从中有人生病时，他亲自砍柴汲水，并做饭照顾病人。当时他的父亲由礼部左侍郎高升为南京吏部尚书。对于本来是高官子弟的阳明来说，流放生活是极为辛苦的。

但他反而在这种逆境中，日夜静坐思考，如果是圣人的话，面对这种情况，会怎么做呢？在某一深夜，他忽然悟道，"圣人之道，吾性自足，向之求理于事物者误也"。

不久之后流放被解除，刘瑾也失利下台，他进入平常的官场生活，一边从事讲学活动，一边提出了心即理的命题。后来又将它深化为"致良知说"。

他提出，"朱子所谓格物云者……事事物物上求其所谓定理者也，是以吾心而求理于事事物物之中，析心与理为二矣……若鄙人所谓致知格物者，致吾心之良知于事事物物也。吾心之良知，即所谓'天理'也。致吾心良知之'天理'于事事物物，则事事物物皆得其理矣"（《传习录》卷中）。

也就是说，将自己的心中自足之良知（=天理）致（=发挥）于事事物物的存在形式中而以正之，就是所谓的致知格物。

他在50岁左右提出了致良知说，此说克服了心即理说的某种不彻底性。

所谓良知二字本出自《孟子》，《孟子》将此良知解释为"不学不虑"。也就是说，良知是不需要任何学习与顾虑的，它是发自内心的自然而然涌现出的道德本性。通过将发挥内在良知归结于致良知，克服了心即理说包含的不彻底性。即克服了以追求内心深处的理为目的，结果却造成了追求的心与所追求的理之二分化这一缺陷。

新圣人观

像这样，吾心有理，进而生成不学不虑的良知以自足，如何发挥这个良知便是阳明学之圣人之学的课题了。宋学流派的"学而至"的圣人观，也不得不说让人感到厌烦。圣人不应是自己内心本来所具有的本质吗？它绝不应该是努力攀升才能到达的对象。王阳明曾说道，"人胸中各有个圣人，只自信不及，都自埋倒了"（同书，卷下）。他还说出了以下名言，"满街都是圣人"。

不主张格物穷理或主敬静坐以成圣人，而主张以如何发挥自己内心深处的圣人性为课题的阳明学，尤其强调"事上磨炼"这一方法论。它不像主敬静坐一般通过冥想来思考，而是通过事上，也就是通过日常的具体行动，不断磨炼以究何为正确。官吏通过衙门里的日常事务，农民通过集体例会及土地经营，商人通过商务交易，人人都应在各自日常生活工作的领域中正确的发挥其社会作用，将社会关系纳入道德秩序中，这就是事上磨炼的目的。

道德实践的平民化

不论是心即理，还是致良知，抑或是满街圣人，事上磨炼，它们的共同点是简略道德实践的方法，易于和日常生活建立紧密的联系。

在阳明学对朱子的格物说进行批判时，其实他也同时表现出了对朱子的新民说的不认同。新民说是指在《大学》开头提到的，"大学之道，在明明德，在亲民"，朱子认为，这里的"亲民"，是指"新民"，也就是他认为应"使民一新"。

这里可以明显看出，这种由上而下，刷新民众道德的为政者的立场。与此相对的，阳明学认为，旧来的"亲民"才是正确的，应与民众站在同一立场，应"与民亲"，并且引出民之与生俱来的道德性，这显然是站在平民的立场上的。

实际上，阳明某些弟子在街上宣传阳明之学时，对阳明学持怀疑态度的人，有半数还多。对此，阳明分析说，"你们拿一个圣人去与人讲学，人见圣人来，都怕走了，如何讲得行？须做得个愚夫愚妇，方可与人讲学"。同时他还指出,"与愚夫愚妇同的,是谓同德;与愚夫愚妇异的,是谓异端"。

相对于朱子学主要被官僚士大夫们所认同,而阳明学却得以在平民间发扬光大的秘密,就在于此。

之后清代初期的颜元(后文中有介绍)对比朱子学和阳明学之后,这样说道:"天下皆读作、著述、静坐,则使人减弃士农工商之业……是之谓曲学,是之谓异端。阳明有云:'与愚夫愚妇同的,是谓同德,'今以朱子'半日静坐,半日读书'功课论之,是于愚夫愚妇同乎?异乎?"(《习斋记余》卷九)这可以说是对朱子学非平民化的中肯评价。

阳明学批判了朱子学的非平民化,扩大了面向平民的道德之学的门户。

在明代初期,朱子学的门徒狂热的崇拜圣人之学,为之倾倒,他们不辞辛苦励精图治,有时甚至还不惜为之牺牲日常生活的安稳喜乐。而阳明学将圣人之学从这种有限的,所谓道德楷模的手中解放出来,将之扩展为一般化的、平民的精神思想。

道德实践主体的扩大

换句话说,也就是道德实践的主体,从士大夫之间,扩展到了平民百姓之间。

有一次，一位聋哑的农民向王阳明请教学问，王阳明就用笔写字问道，"你口不能言是非，你耳不能听是非，你心还能知是非否"？对方答道，"知是非"。王阳明接着说，"你如今于父母，但尽你心的孝；于兄长，但尽你心的敬；于乡党邻里、宗族亲戚，但尽你心的谦和恭顺。见人财利，不要贪图，但在里面行你那是的心，莫行你那非的心。纵使外面人说你是，也不须听；说你不是，也不须听"（《论泰和杨茂》）。这是说，不应以经典字句或先人事例作为是非判断的标准，而应倾听自己内在的良知的声音。一方面，道德的主体向内在的良知不断深化，同时，又认为其广泛的依赖于每个人的良知，由此，道德的主体得到了空前的扩大化。道德上的是是非非，不再由少数道德楷模所独占，而是掌握在每个独立个体的手里。

在这里让我想起了在阳明学中也是很著名的一段话，"夫学贵得之心，求之于心而非也，虽其言之出于孔子，不敢以为是也，而况其未及孔子者乎！求之于心而是也，虽其言之出于庸常，不敢以为非也，而况其出于孔子者乎"（《传习录》卷中）！

阳明的这一观点，可以明显地看出，阳明学一直都在强调个体的主体性。但同时也不应该忽略阳明学之道德实践的主体性被广泛地个人，即平民阶层所认同的另一面。

阳明学兴起的背景

宋、元、明等各时代相通的,可以被称作政治构图上的特点便是,为政层以君/官-民的一元构图为理念。

如前所述,朱子学中有对乡村地主制秩序的考量。但即使在朱子学中,地主等民众,也只不过是被官员所统治的对象。农工商之民,并没被看作是道德实践,即社会秩序形成的实践者。

也就是说,社会秩序形成的责任基本上由官僚士大夫阶层所承担,由官僚士大夫阶层完成道德实践,"使民一新",即触发民众的道德性,感化民众,是当时为政的基本构图。

但在阳明学活跃的明朝中叶时期,随着乡村的地主制秩序得到进一步发展,商工阶层的经济能力也有所提升,仅由君/官等从上而下的教化,已不足以治理社会,这种矛盾在这个时代慢慢突显了出来。

例如,尽管知县等官员"半日读书、半日静坐",修身治德,但通过这种修一己之身的做法,不能消除地主间土地所有权的斗争、地主与佃农之间的阶级对立。为了解决这种矛盾,只能促进地主或佃农的道德自觉,由他们自身来解决斗争。

明初朱子学徒们积极的道德实践,可以说是在较早的阶段察觉了时代的状况。但他们的道德实践,未免太过非凡，脱离了普通民众。

另一方面，阳明学因为意图扩大乡约这一乡村共同体的规约而著名，这个乡约，要求乡村的每个成员都承担、维护道德秩序。这个道德秩序，正是前述的，阳明期待聋哑的农民也能维护的孝悌恭顺的秩序。时代由君/官－民的一元统治，向着由下而上支撑的地主制乡村秩序体制而转变。阳明学正是为了适应这种乡村秩序体制形成的时代背景而出现的。

从结果上来看，阳明学的兴起，完成了将作为道德之学的朱子学扩展到乡村每个角落的作用。

| 第八章 |

阳明学的发展

民众道德的扩展

说起王阳明,他是乡约的积极推进者这一点不容忽视。他将指导江西省赣南形成的乡约收录到他自己的全集中。他在前言中写道,"自今凡尔同约之民,皆宜孝尔父母,敬尔兄长,教训尔子孙,和顺尔乡里。死丧相助,患难相恤,善相劝勉,恶相告戒,息讼罢争,讲信修睦,务为良善之民,共成仁厚之俗"。与前章所述阳明对聋哑农民的教诲大同小异,但其实这是从明太祖颁布的《教民榜文》,乡村规约的《六谕》中的一条借鉴而来的。

所谓"六谕",是指"孝顺父母,尊敬长上,和睦乡里,教训子孙,各安生理,勿作非为",再往前回溯,便有朱子对乡村父老的劝诫之语("孝顺父母,恭敬长上;和睦宗姻,周恤邻里;各依本分,修本业;莫作奸盗")。此劝诫也许本来是在乡村中自然形成的共同体的规范。宋代以后，借由官员之手，有意识地予以实行，经明太祖颁布的诏书，在乡村中大肆传播，最后被王阳明吸收，作为赣南乡约的中心思想。

但是相对于朱子的教诫或太祖的六谕是从上而下的教化来说，乡约则是共同体成员间横向的联系与牵制，可以说开始具有了自主性规约的功能。在某种意义上来说，乡约可以说具有更强的规制力。

这个乡约在明末时期在各乡村中广为传播，又有清代的康熙帝与雍正帝的积极推进，与在六谕的基础上兴盛起来的宗族的族亲等一起，地缘、血缘的共同体的道德规则，经清朝一代，渗透到了中国各地。

前面讲到，有宋一代，朱子学的理（=道德）比王安石的法更具有利地位（第五章），在广阔的中国大地上，比较法制，这种相互规制的道德关系更加有效，历史已经证明了这一点。

王阳明的乡约的推行，与其观点的平民化，在依据道德的民众统治中，发挥了先驱的作用。

无善无恶论的兴起

阳明学为后世带来了多种多样的影响。但与平民道德的扩展同样值得大书特书的，是作为思想史上革新潮流思想之一的无善无恶论。

第八章

王阳明晚年与王畿（1498—1583年）等高足讨论，说"无善无恶心之体，有善有恶意之动，知善知恶是良知，为善去恶是格物"，王畿就此提出，"若说心体是无善无恶，意亦是无善无恶的意，知亦是无善无恶的知，物亦是无善无恶的物矣"的"四无说"，王阳明去世之后，他便提倡这种四无说。

四无说所提出的无善无恶论，也就是说心本身是绝对的善，是不被既成的相对的善恶所左右的。从不被外在的既成价值判断所左右这一点来看，这种思想是极具破坏力的。

这种倾向，可以从前述"夫学贵得之心"，不为孔子之言所左右的言论中窥见端倪。王畿的无善无恶论，更是加强了这种倾向。

思想家们已经预感时代会转折到明末清初的变动期（参照第九章），针对已经形同虚设的传统价值观，开始了追求新价值观的新时代。无善无恶论作为新价值观形成的理论，在革新思想家之间流传。

其中最突出具有革新思想意识的思想家是李贽（号卓吾，1527—1602年）。

他指出，"夫之所以终不成者，谓其效颦学步，徒慕前人之迹为也……大人之学，止于至善。至善者无善之谓，无善则无迹，尚如何而践之？然则，非但不必践，不可践，不当践，虽欲践之而不得焉者也。夫孔子非迹乎？

然而孔子何迹也？今之所谓师弟子，皆相循而欲践彼迹者也，可不大哀乎？"（《藏书》卷三二），"然则今日之是非，谓予李卓吾一人之是非，可也。中间千百余年，而独无是非者，岂其人无是非哉？咸以孔子之是非为是非，故未尝有是非耳"（同上，《世纪列传总目前论》），大胆主张"李卓吾一人之是非"。针对形式化的道德观，提出了肯定欲望与私的新秩序观。

他的主张在"童心说"（《焚书》卷三）中也有提到。他认为，不被"道德见闻"所污染，人类"最初一念之本心"的"童心"中才有人类的真实。他认为《六经》《论语》《孟子》等是由孔家弟子们随意编造的，称元曲、《水浒传》等民间文学才是表露"童心"的至情至性的好文章。但这里所说的"童心"与日本的纯粹无垢之心是有很大不同的，这里的童心是指孩子们在争抢零食时哭喊笑闹的童心，是赤裸裸的表示欲望之心，这与他主张的欲望乃是人类的本质这一观点是相通的。

阳明学在历史中的作用

这里我们来总结一下阳明学在历史中的作用。

1. 将承担道德责任的主要对象从官僚士大夫阶层扩展到农工商的平民阶层，为朱子学以来的近代儒教思想渗透到民间做出了相当大的贡献。

2. 如心即理、致良知、无善无恶的命题中所提出的，从人类的内心深化自然而然流露出来的才是真的本性（＝理、至善），到认为"童心"才是人类的真，为肯定欲望的人类观开辟了道路。

3. 尊重自我之悟，比起孔子所言之是非，更注重自己内心中的是非之道，否定经书之超越历史的绝对化、权威化，开创了多种多样的价值观之路。此外，他主张"六经皆史"，将经典与历史相对化，这被后来清朝考证学"实事求是"的客观实证方法所继承。

4. 满街都是圣人这一乐观主义的人性论，促进了一切愚夫愚妇（明朝直到奴仆）承担秩序的自觉性，平民在秩序形成上起到的作用，在明朝末期之后，具有飞跃性的发展。

结果，新秩序的形成，反映了民间的呼声，加速了地方自治的趋势。但这里应该注意它具有这样的两面性，一方面，执政者将民众纳入上下的秩序中；另一方面，民众在秩序形成的过程中，逐渐有了主体性。

从以上四点可以看出，与迄今为止的观点不同，事实上阳明学从明朝末期，一直延续到有清一代。迄今为止的一般观点认为阳明学在明末时期就已经消失，之后由经世致用之学与考证学占据思想史上的一席之位。其根据是，心即理或致良知等命题，在清代以后几乎不再被人提起，自称阳明学的学者也不再出现，还有在明末时期，对阳明学，特别是标榜无善无恶论的学派进行了激烈的批判。但这种看法，应该说是过分关注了当时人士的发言，使得视野变得狭隘，应该说是一种丧失了对整体进行综合的、主体性的观点。

下述观点不过是描述了阳明学短期的作用。

认为心即理、致良知等命题不再出现，是因为它们将道德向平民间扩展这一行为的结果，造成了乡村被乡约这一共同体的规范所强加约束，因此只是强调每个人道德的内向性发展的那些命题，已经不能满足事态的变化了。还有人认为，无善无恶论所持有的破坏性，在新的肯定欲望的秩序观形成后，它的破坏性反而与欲望的无节制的放纵相关联，从而有可能会站在与新秩序观敌对的立场上。但是，从长期的影响上来看，作为朱子学普及者的阳明学对历史的作用，如上述四点，实际上一直持续到了清代以后。

以上就是阳明学在中国发展的大概情况。阳明学虽然晚于朱子学，在江户时代传入日本，但特别是从幕府末期到明治时代，很多思想家受到了阳明学的影响。

日本的阳明学

在日本被称作阳明学派的思想家，在江户初期，中江藤树（1608—1648年）与熊泽蕃山（1619—1691年）等较为出名。

·第八章·

而吸收心即理、致良知等阳明学独自的命题作为自己的思想与行动核心部分的思想家,如幕府末期的大盐平八郎(1793—1837年),只是很少的一部分。它与其说是在江户时代的思想潮流中作出了某种程度的发展,不如说是只由特定的少数人所吸收。在这一意义上,它只是一种发散的、局部存在的思想。

在这一点上,与中国的阳明学是截然不同的。中国的阳明学通过明代的中期到后期,修正了朱子学的命题,为很多人所拥护,作为一种思想运动而全面展开,它的影响一直延续到清代。

在日本,与其说阳明学是与朱子学对抗,或是对朱子学的一种修正,不如说是与朱子学并存的,或者是被看作与朱子学完全不同的一种观点。心即理与致良知、知行合一等命题,可以说是单独地被特定的个人所接受。

在这种情况下,心即理与致良知等,是以用来判断自己内心主体的最高标准来高扬的一个命题,也可以看作是伴随"吾心即天"的天人合一的(日本观点上)命题。另外,知行合一也被认为是一种重视实践的命题,即自己的主观判断虽与周围的规制相背也要实行。

因此日本的阳明学,主要在幕府末期的变革时期,即使对传统的秩序观念相背离,也要贯彻自己信念的思想家中流行。

其中具有代表性的思想家就是大盐中斋。

大盐中斋的阳明学

大盐中斋在天保八年（1837年）关西饥荒之际，讨伐"奸官""奸商"，救助"四海穷困"之民，引起后来被称为"大盐之乱"的叛乱，后被追兵所迫自尽。

大盐接近阳明学的动机是他在大阪担任寄骑时，认为忠与孝等日常人伦之道过于形式化，已经变成顺应世俗的一般观点或是有了满足功利打算的倾向，并且不仅是他人，甚至在自己心中也有这种倾向，他对这种倾向产生了批判与危机意识。就在这时，他接触到了阳明学致良知的书，认为依据人类本来内心面的道德之良知的行动，才是将日常人伦真实化应走的道路。他依此对自己的内心活动，到日常行动，具体到当时大阪实施的民政活动，都进行了彻底的反问、冥想，并付诸行动。虽然结果导致引起了叛乱，但这与其说是阳明学，不如说是大盐学更为合适，这种观点是极具主体性的。

大盐学与中国的阳明学的差异如下。中国的阳明学，以如何全面的发挥良知作为重点，与此相对的，大盐虽然承认人类内心的本体为良知，但另一方面，又认为它被私欲、人欲等功利之心所掩盖，因此需要依据"诚意慎独"等功夫来实践修养以认清自己的良知。它有重视功夫的苦修主义倾向。他将通过"诚意慎独"来展示良知这一行动也称为"心归于太虚"。

第八章

"太虚"一词是由北宋的张载,在《正蒙》中提出的,是指天地宇宙的根源。中斋通过将心之本体视作太虚,把阳明学的无害无恶论纳入自己的思想。也就是说,大盐认为,太虚是至善=最高的善,或绝对的善,是超越世俗之相对善恶的。世俗的善恶往往带有成见,并且满是俗尘,由此产生的善的意向,是介意世俗评价的善,是为迎合世俗评价而产生的善,是不纯的。

与此相对,大盐的太虚是超越世俗善恶的,确立无边绝对性的存在。这里可以看到他的自我意识的高扬。他还曾说过,"吾心即天",这里的天就是指代太虚。这里不光单纯地停留在自然而然之诚的无限性上,而是具有更积极的,与社会和政治的关联性。也就是说,他所谓的良知=太虚=天=至善,不拘泥于传统的形式化的善恶观,直面现实的政治、社会的污浊,致力于在此之上建立真实形态的日常伦理。就这一点来看,这是极具改革性、实践性的。

他对中国阳明学中的"亲民"的立场及"万物一体之仁"之命题也有自己独特的理解,即认为民众的饥寒痛苦就是自己的痛苦,标榜民众感情的一体化。正是由于他的民众的立场,他所谓的太虚、天等强烈的自我意识的高扬,促使他成了政治的反叛者。他所谓的太虚的自我,不仅止步于日本的诚的纯粹性,如舍弃货色之欲,不做利害的打算计较等个人内心的纯粹,而是形成了一种更加开放的，社会政治的自我，这是值得我们注意的。

西乡隆盛的敬天爱人

西乡隆盛（1828—1877年）也是阳明学的拥护者之一。他深受佐藤一斋（1772—1859年）的影响。原本"吾心即天"这一观点是由佐藤一斋提出的，他便在天的思想的基础上掌握了阳明学实践的侧面。他最著名的"敬天爱人"之说——在日本这一观点最早由中村正直（1832—1891年）提出，中村正直以翻译约翰米尔著作《自由论》而闻名，但最早出现"敬天爱人"这一命题，是在清末时期魏源的《海国图志》（参照第十章）中。《南洲遗训》中也有"不与人对，与天对。与天相对，尽己责而勿咎人，寻己诚之不足"，"道乃天地自然之物，人以之行，应以敬天为目的"，"天不分彼我，同等爱之，故以爱己之心爱人"，"凡人皆以克己成，以纵己败"等这样几段话。

所谓"不与人对"，就是不被世俗的欲望及毁誉褒贬所左右，所谓"与天相对"，就是生出纯粹之诚。

他认为不应只关注自己内心世界的纯粹，还应该培养外向爱人的积极性。严以克己，即不被功名及世俗的评价所左右，舍弃自己的小利与自私的爱，将自己立于伟岸的天地之间，由大己来成就维新的大事业。

第八章

像这样，日本的阳明学，与中国的阳明学参与民众的道德教化、民众的秩序形成，建立肯定欲望的新的社会思想潮流相对，只被少数人所熟知，作用于特定的个人自我的确立，或是变革主体的确立，其特点是并未向民众阶层扩展。

| 第九章 |

16、17世纪的转折

与日本的比较

在讨论中国君主观的转变之前，我想先就中国君主观的特点与日本的君主观作一下比较。在中日两国几乎同时代的君主观中，各举两例来说明。

首先以战国末期到德川初期的松永尺五（1592—1657年）与明末清初动乱期的黄宗羲（1610—1695年）为例。

> 天于上生君，地于下生臣，天地之道理自然如斯……所谓臣无大小……善奉公，尽忠节，胜任面面之职分……我应尽所能而奉公，不以心思俸禄，俸禄在君心，是以臣不必谋取（松永《彝伦抄》）。
> 有生之初，人各自私也，人各自利也……故古之人君……使天下之人，不敢自私，不敢自利，以我之大私为天下之大公……视天下为莫大之产业，传之子

第九章

孙，受享无穷；为天下之大害者，君而已矣（黄宗羲《明夷待访录·原君》）。

故我之出而仕也，为天下，非为君也；为万民，非为一姓也。吾以天下万民起见，非其道，即君以形声强我，未之敢从也（同出于《原臣》）。

前者是说君臣的上下关系与自然相同，是不可撼动的，臣应单方面对君尽忠职守，不应惦记俸禄之事。与此相对，后者则以明末时期肯定"私"的风潮为背景，否定用皇帝的大私来压制个人的"自私自利"，主张政治活动不应为君主而应为天下万民。

接下来，以幕府末期的有志之士吉田松阴（1830—1859年）与清朝末期的革命家谭嗣同为例，二者均被处以死刑。

天下非一人之天下者，是支那语人语也。支那即然，在神州断断不可然也……我大八州所肇皇祖，传给万世子孙，无穷天壤者……其一人之天下亦明也……本邦之帝皇或有桀纣之虐，亿兆之民唯当并列首领，伏阙号哭，唯仰祈天子之感惜。不幸天子震怒，尽诛亿兆，四海之余民，复无孑遗（最后一个子孙）。而后神州亡矣。若尚存一民，又唯诣阙以死……当是时，如汤武之放伐之举，决非神州人也

（吉田《丙辰幽室文稿》）。

　　生民之初，本无所谓君臣，则皆民也。民不能相治，亦不暇治，于是共举一民为君……夫曰共举之，则且必可共废之……断之曰：止有死事的道理，决无死君的道理……古之所谓忠，以实之谓忠也……君为独夫民贼，而尤以忠事之，是辅桀也，是助纣也（谭嗣同《仁学》上）。

前者是说天皇乃万世一系，在日本，天下是天皇一人之天下。即使天皇如夏桀王与殷纣王一般暴虐，在日本也不会出现像殷汤王或周武王那样推翻皇帝统治的人。如若天皇暴虐，也只有集天下之民伏于皇居前祈求天皇悔悟，即使天皇暴怒而杀尽全部民众，直到最后一个人也只能继续祈求。而后者的观点与前者正好是相反的。

本文第一章所提及的，日本天皇以血统为皇帝权威，与中国皇帝以天命为权威不同。并且中国有日本所没有的易姓革命思想，正是由于这样的差异，才造成了上述前后两者观点上的不同。

不过，在中国古代，就有如《庄子·在宥篇》的"主者，天道也；臣者，人道也"，与前面（第一、三章）提到的郭象所言"君臣上下，手足外内，乃天理自然"等所表明的那样，将君臣上下关系视为自然的主流观点。类似上述黄宗羲那样的君主观，和宋代以后的时代变化相关联，特别是到了明朝末期，这种变化就更加突出、明朗起来。

明末的君主观

早在黄宗羲的君主批判论之前，在明末被称作东林党的反宦官的政治集团中，就已经有了下列观点。

> 天下大矣，人主不能自理，分而寄之一相，相臣者，君所与共天下者也（徐如珂《徐念阳公集》卷三）。
>
> 惟夫国之有是，出于群心之自然，而成于群喙之同。然则人主不得操……廷臣不得操，而天下匹夫匹妇操之。匹夫匹妇之所是，主与臣不得矫之以为非；匹夫匹妇之所非，主与臣不得矫之以为是（缪昌期《从野堂存稿》卷二）。
>
> 天为民立君，士为民事君（陈龙正《几亭外书》卷一）。
>
> 天之生民非为君也，天之立君以为民也，奈何以我病百姓？夫为君之道无他，因天地自然之利而为民开导撙节之……凡以安定之使无失所，而后天立君之意终矣。岂其使一人肆于民上而剥天下以自奉哉（吕坤《呻吟语》卷五）？
>
> 天下人各有欲也，岂独人主？……而人主独能外天下以成其欲乎（钱谦益《牧斋初学集》卷八九）？

这些观点与黄宗羲的《明夷待访录》中的君主论有以下共同点。第一，单凭君主一人，即使是有德的君主，也不足以统治天下，在政治上应由君主和官僚分工合作。第二，政治应顺从"匹夫匹妇"等天下万民之舆论而运作。第三，政治应以满足民之生存（自私自利）为根本。

可以说，黄宗羲的《明夷待访录》是将明末东林党人之间零碎出现的这些新思想整合在一起而完成的。

新的君主观

那么上述三点在哪些方面可以说是有新意的呢？

首先就第一点来说，虽然说宋代以后，由天谴式天观向天理式天观转化，将皇帝的有德性作为政治中心的这一点仍没有变化。对于天谴式天观来说，将皇帝的修德看作防止灾异的核心，而在天理式天观之下，也仍以皇帝自己实现天理为政治的核心。这里流传下来的是认为有德的皇帝才能施仁政这种自古以来的德治主义。

与之相对，明朝末期出现的上述第一点的思想，可以看作是一种皇帝机关说。其最重要的一点是皇帝与官僚如何合理分工，如何建立一种有效吸取民意的行政系统。

而第二点的尊重舆论，在明朝末期也经常被称为"公论"。在这个公论的背后，是地主制发展的社会大变化。

·第九章·

明代将征税的行政制度设立到了乡村的每一个角落，各丁各户（丁是指成年男子）都是征税的对象，也就是说这是依据一君万民体制的原理，认为万民皆平等，皆为皇帝的子民，这种税收制度被称为里甲制。然而明朝末期时，地主制已变得非常普遍，在乡村中有了地主与佃农的分化倾向，贫富差距扩大的趋向。

以被称为乡绅，有着做官经验的地主为中心的阶层，开始扩大其对经济的控制力。与此同时，官僚的制约力相对减弱，以地主阶层为中心的地方统治势力的力量开始变得强大起来。这也就是上述提到的"公论"。它不是以往的那种认为皇帝的仁政从上到下施与一君万民体制下的万民，而是更加重视官僚阶层如何采纳这种公论，这也是它与第一点的关联之处。

第三点的"满足民之生存"则是与明朝末期主张民之所有欲，生存欲相关。如黄宗羲就曾指出，"先王之时……田出于王以授民，故谓之'王土'。后世之田为民所买，是民土而非王土也"（《破邪论》）。这一"民土"的主张，与土地私有权的主张相通。也就是说，相对于皇帝对民众施以仁慈就好的传统德治主义的政治观，这时已经开始要求制定满足民之私有权的具体政治策略了。

这三点主张，也反映了当时政治结构上的对立。

这是一种中央与地方的对立，前者要求强化皇帝的一君万民之中央统治，后者依靠乡村地主制的发展，实行重视乡绅阶层意见的地方自治统治。

到了明朝成熟期的万历年间，由于地主制的兴起，导致里甲制出现问题等，使得政府不能顺利征税。再加上当时日本的丰臣秀吉出兵朝鲜与北方女真部落的入侵等的外在压力，及因此带来的财政支出，出现了国库屡告空虚的局面。

对此，明神宗与首辅张居正（1525—1582年）采取强化中央集权以谋求充分税收的方针。张居正死后，神宗又不顾群臣反对，依靠宦官，直接派遣宦官去下面征税强夺。例如，他设立了所谓"矿税"这一新税种，宦官们甚至冲入有些富裕家庭的宅院中，谎称发现矿石而掠夺其家产。对此从正面加以批判揭露的，是东林党人，他们以乡绅地主阶层的舆论为背景，对抗中央权力，谋求重视乡村的政策。

民的自私自利与皇帝的大私

黄宗羲对于皇帝大私的批判，正是基于上述时代的趋势。但这种批判，在他脑中是有例可循的。

明神宗十分溺爱宠妃之子朱常洵，多次想要立常洵为太子，都因遭到百官的反对而未能成功，于是他竟想寄予常洵4万顷封地了事。虽说当时中国的全部耕地面积约700万余顷，但要将接近0.6%的土地赐予一介皇子，还是遭到了大臣们的强烈反对，最终将封地面积减至2万顷了事。那2万顷封地具体就是指被称为王府的王族的庄田。因为王族以各种手段压制庄田内百姓的权益，因此王族并不受此地老百姓欢迎。其实在明太祖时期，对这种扩大王府或皇帝私有地等朝廷私有土地是有严格限制的。随着王朝到了末期，这种皇帝庄园、王府，或是勋戚的庄田等一代代不断扩大，其中最极端的便是常洵之例。

黄宗羲在《明夷待访录·田制篇》中主张将包括官田在内的全部耕地分配给老百姓。据他所说，官田占了全部耕地的三分之一以上，皇帝庄园或王府也是官田的一部分。

他是否有针对常洵之例虽不得而知，但至少可以看出他对不断扩大的皇帝庄园与王府是持批判态度的。他对于皇帝的大私压制民之自私自利的批判，可以看出当时朝廷的私产对民土扩展的阻碍。将朝廷的私有财产称为"大私"，一方面，也可以从中看出对民之私有财产这一权利意识的增强。

清代的变迁

但在进入清朝之后，这种对皇帝的批判便见不到了。虽然《明夷待访录》被后人视为清代之作，但黄宗羲的笔锋是探求明朝之所以灭亡的原因，而并不以清朝为对象。

明朝末期那种批判皇帝的思想之所以销声匿迹，一方面是由于清朝的武力镇压，但最根本的原因是清朝不同于明朝，它承认地主阶层的权益从而确立了自己的政权。清政府将江南一地的很多明朝皇帝庄园与王府分给老百姓。除了在北方保有八旗军的屯田，并没有额外增加朝廷的私有地。

雍正帝时期施行的地丁银制更是将丁税并入地税而形成税收的一体化，这实际上是废止了丁税。丁税是中国古代以来就有的一种徭役，是指成年男子必须上缴的人头税。废止了人头税，也就意味着放弃了一直持续到明朝的一君万民原理，也就是天下民众都由皇帝控制这一原理。而取而代之的土地税一体化，则不管地主雇佣几个佃农，只按地主所有土地来征税，意味着清朝承认地主的土地私有权及在私有土地上对农民的控制权。

也就是说，清朝实际上是一种承认地主的乡村控制权的皇帝地主联合政权，在这一点上，与由宋到明的王朝是有决定性的区别的。

清朝之后君主批判的思想便销声匿迹了。这可以认为是因为作为明朝末期舆论先锋的乡绅阶层与同样是地主出身与其有诸多共鸣的官僚阶层，对清朝政府的政策，基本上是满意的。

反过来说，明朝末期兴盛的君主批判思想中可以看出，当时的地主阶层对一君万民体制已抱有强烈的不满之情。明朝人心尽失的原因，是一味强化一君万民体制，实

· 第九章 ·

行了与时代趋势完全相反的基本政策。

井田论的传统

明朝在1644年灭亡，取而代之的是满洲女真族建立的清朝。像是预知了17世纪的王朝交替期一样，在16世纪后半期开始兴起了各种各样的变化。例如欲望的肯定，随之而来的理观的变化、人性论上的变化、私的肯定、君主观的变化等。在这个时期，也就是明末清初时期，除了上述变化，在田制论与封建论（见下章）等传统议题上，也表现出了很大的变化。

中国自古以来，井田、封建、学校，被称为上古三代（夏、殷、周）之遗制。在被视为乌托邦时代的上古三代，相传井田、封建、学校这三者均有理想的完美制度。孟子对井田制度作了如下解说。根据《孟子·滕文公上篇》所记载，如在周代，以九百亩田为一井，将其等分为九区，在正中间划出一区作为公田以出税粮，将周围的八区作为私田平分给八家，首先由八家共耕公田，然后分别耕作其私田。

八家平时共同防盗，生活上互相帮助。这种均分田地的平等的共同体关系，被认为是理想的状态。

但这种将所有土地均等化的理想，被认为是脱离实际的一种空想。但中国自古以来就为其实现而展开了各种各样的讨论，还有实际政策的尝试。由此可见，在中国土地制度问题的重要性。

实际政策上的尝试，如西汉董仲舒的限田论，就尝试规定土地所有的上限，限制豪门贵族拥有土地的数量。篡夺西汉皇位的新朝皇帝王莽也曾试图施行井田法，但这些都并未实现。在那之后，如西晋根据官员品级推行的限田政策、北魏的均田法、唐代的依户口而终身贷于其一定土地的授田制、南宋贾似道推行的国家将超过土地所有者上限的田土低价买入的公田法等，不论其普及与实现的程度，限田与均田的尝试却被以各种各样的形式继承了下来。

明末清初的田制论可以说是在这种传统的论点上建立起来的。

民土观基础上的新旧制论

明末清初的田制论虽然继承了传统的田制论，但与它之前的田制论有着决定性的不同。明末清初之前的限田、均田，均建立在如《诗经》所说，"普天之下，莫非王土"这一王土观上，也就是认为中国的全部土地都属于皇帝一人所有，并在此基础上定下了政治策略。而明末主张的限田、均田等，则是建立在上一章所介绍的民土观，也就是将土地视为民间私有的观点上的。

前者的基本思想，是依靠皇帝的仁慈将民之财产平均化的恩惠的思想，以及抵制特定的势力强大的地主与豪族坐大的王朝统治思想。这种恩惠的思想说到底也是为了预防民众因贫困化而造反的一种策略，在此之上均田法、限田法，最终也是以贯彻皇帝统治为目的。

与此相对，后者如前述黄宗羲的官田解放论所表明的那样，首先以扩大民之私有为目的，这基本上顺应了当时希望地主土地所有制安定发展的民众要求。

例如王夫之（1619—1692年）曾说道，"若夫土，则天地之固有矣。王者代兴代废，而山川原隰不改其旧；其生百谷卉木金石以养人，王者亦待养焉……而王者固不得而擅之。故井田之法，私家八而公一……而君不敢私……而民所治之地，君弗得而侵焉……民之田，非上所得而有也"（《续通鉴论》卷一四）。"地之不可擅为一人有，犹天也。天无可分，地无可割。王者虽为天之子，天地岂得而私之"。（同上）此说从根源上论述了黄宗羲的民土之主张。它从原理上根本上否定了王土观，而悄悄地强化了使田土属于全民的民土观。

明末清初的田制论

前面介绍了黄宗羲的田土分配论包含了官田的解放。

其细节为，基于万历六年（1578年）的土地丈量，将当时全部耕地面积的700余万顷（约合40万平方公里）

首先按每户50亩（0.5顷）平均分配给当时全户约1000万户，剩下的170余万顷再分配给富户即地主阶层。这种分配论反映了对地主既得权益的维护。

另一方面，王夫之主张的田制论是一种限田论。将地主自己耕作的土地的上限定为300亩，超过这个上限的土地被视为佃农田，税率为自耕田的一倍，水旱灾害时，自耕田之税可以免除，但佃农田之税必须如实上交。这是为了对地主的土地所有量加以限制。

相对于此，清朝初期的颜元（1635—1704年）的田制论，是一种以纠正地主与佃农间差别为目的的田制论。如果地主的所有田为10顷，则只留其中的1顷（100亩）为自耕地，其余9顷，分别1家1顷的租给九家佃农，每户佃农将1顷中的40亩作为地租，10亩交税，剩下的50亩作为自己的收入。经过一代30年后，这一顷地便成为佃农的所有田。这是希望佃农最终能够成为自耕农。

由上述明末清初时期的田制论，还可以看出民土主张之外的另一个特点，那就是反映了经营地主与佃农，或是经营地主与自耕农这一阶级差别，以及纠正这种差别，完成全户都变成自耕农的理想。

这里产生了这样一个疑问，当时展开这种讨论的知识分子，全都是地主阶层出身，他们为何要否定自己阶级的既得利益而谋求平均化与佃农的自耕农化呢？他们是即使抛弃自身利益也要优先实现全体利益的理想主义者吗？但是，随着清朝中叶地主制更加走向普遍化，这里所说的限田、均田政策已销声匿迹。反而很难说明对此提出批判或否定观点的理由。因此可以认为清朝中叶的知识分子是特别典型的现实主义者。

结论是，从明末清初的社会状况出发来考虑的话，在明末清初，如民土主张一样，与皇帝的地主打压政策或与皇帝为核心的特权大地主对抗，成了当时一般地主阶层的主要任务。另外，当时地主阶层尚未安定，依据财产平均继承的中国传统习俗，土地随着世代相传而零散化的情况不断出现。如在二代三代之间放弃所有土地沦落为佃农的事例在一族中不断出现，或是由于朝廷苛税使得仅一代就不幸破产，或是因得罪了佃农与奴仆而被摧毁的地主家庭。除此之外，在明朝末期，前述的王府庄田与勋戚庄田，依靠免税特权而膨胀的乡绅门阀家族专横地侵害一般地主阶层的利益，这种事例也并不少见。由此可见，除了特权地主，一般的明末清初时期的地主，更希望平均所有土地，减少阶级差别的安定的社会局面。

于是，在地主阶层财富积累，由宗族结合的强化而推进了安定的局面，地主制秩序普遍建立的清朝中叶，对于限田、均田的批判与反对意见反而变得强烈起来。最后连皇帝，如乾隆帝也亲自下诏说，"即均田亦称善政，穷儒往往希此以为必应行，而在今日亦断属难行。无论夺富以益贫，万万不可。即使哀多益寡，而富人之有余亦终不能补贫人之不足"(《东华续录》卷九四)。地主制的阶级秩序已为王朝所公认。

清朝末期的田制论

鸦片的输入与白银的流出导致经济衰败,造成社会动荡,不久爆发了所谓的太平天国之乱(1851—1864年)的大规模农民起义,由此进入了清朝末期,这时田制论又发生了变化。

例如陶煦(1821—1891年)就提出了纠正地主与佃农间所得差异的方案。他研究出这样的一种计算方法,从收成中扣除包括佃农的工资及种子、肥料等原料费,农具等支出的原价,从普通利润中减去税金,将纯利润的一半作为地主的收入。由此,佃农在灾年等没有收成的时候也能保证最低限度的工资,丰收之年也可以参与利益的分配。据说到了民国时期,这种合理的计算方法实际上就在各地被推行起来。

像这样,实现了限田、均田法更现实的方法。相反地,清朝末期出现了以前从未出现过的土地国有论,公有论(即共有论),并受到了关注。

这应该受到了太平天国所标榜的前述(第四章)的天朝田亩制度,及康有为提出的传统的大同思想的影响。那么为什么会出现均田法也就是私田的平均分配,而不是否认私有财产，一举实现国有化、公产化呢？恐怕是因为虽然比起明朝末期，耕地面积扩大了2倍，但人口却增长了将近10倍。这样一种土地和人口的极度不平衡的背景，使得均田法已经不可能摆在桌面上讨论能否实行了。

土地国有论与公有论

积极提倡土地国有论与公有论的，前者为革命派，后者为无政府主义集团。首先作为革命派的国有论，以胡汉民（1879—1936年）为例。

中国同盟会的机关杂志《民报》第三号刊登的胡汉民的《民报之六大主义》中，主张打倒清朝、建立共和政体以及土地国有。

"惟土地国有，则三代井田之制，已见其规模。以吾种智所固有者，行之于改革政治之时代，必所不难……土地……同于日光空气，本不当有私有者。至由种种原因而生地主制度……可使全国困穷，而资本富厚悉归于地主……盖专制政府之富，民之贼也；而民权立宪国之富，犹共产也。夫均地之政，至平等耳"。这里论述涉及井田制，特别是认为土地与日光、空气等相同这一点，可以看出其与明末的土地与天相同的观点相通。可以感到传统的田制论的历史厚重感。但相对于明朝末期的皇帝不可专有，这里所说则是地主不可专有。明末从结果上来看主张民土化，具体来说是民的私有权利化，这里反而主张国有化。这些内容上的差异是需要注意的。同样身为革命派的冯自由（1882—1958年）也提到，"所谓土地国有之制……牺牲少数之私利，而化为大多数之公益"。

如他所言，在清末地主是少数，而没有土地的农民是多数，存在着少数=私、多数=公的对立，在这里也可以看到排斥私，以公的革命为目标的风潮（参照第四章）。

一方面，无政府主义者的公有论，仅是因为不承认国家的存在而不承认国有论，认为土地是人民的共有物这一点是，它与国有论是相同的。公有论是以传统的井田论为基础这一点上，也是与国有论相同的。例如刘师培就曾在《悲佃篇》（《民报》第一五号）中引用颜元的"天地间田，宜天地间人共享之"（《四存篇·存治篇》），并指出现在比起井田法，更应"必尽破贵贱之级，没豪富之田，以土地为国民所共有，斯能真合于至公"。这可以说是对井田论即土地均等私有化论的否定形式上的继承。

这些观点是在主张中国同盟会的四大纲领"驱除鞑虏，恢复中华，建立民国，平均地权"中的"平均地权"，这在之后由孙文将其吸收入三民主义，最终由中国共产党的土地革命继承下来。

如果将中国革命的特点认为是土地革命，那么它的特点是，由中国传统的井田论发展而来，特别是对其不是从上均田，而是由下均田的实质性的巨大转变。可以说16、

17世纪明末清初时期的田制论,是它直接的思想根源。

作为中国近代根源的明末清初时期

以上这些对中国近代历程的思考,可以给予我们很多启示。在考察中国的近代时期时,作为历史区分,一般将鸦片战争作为近代的开端。一般认为,亚洲的近代化是由于与欧洲的接触而拉开帷幕的。

确实,以工业化为首,中国的李鸿章(1823—1901年)等发起的洋务运动推进了学制改革、军制改革等,引入了欧洲近代的各种制度。虽然亚洲在近代极大地受到了欧洲的影响,但亚洲各国对本国传统思想的深刻继承,才是推动亚洲各国近代化的根本原因,而这一点在中国尤为明显。

如果单就从中国的角度来看中国的近代历程,前述政治上的君主观的变化,这里所介绍的经济上的田制论的变化,可以将明末清初时期的变化视为清朝末期变化的根源。这里可以看到中国近代的萌芽,这绝不是没有依据的。可以以这种观点来回溯明末清初时期的思想变化。但也要注意一点,这只不过是在着眼中国近代历程的情况下罢了。在这里应该回避诸如欧洲近代资本主义直接引入中国后,在明末清初时期资本主义萌芽是否产生之类的论述。

| 第十章 |
从清代到近代

在明末清初时期兴起的君主观及田制论上的转变，如前述所说，反映了地主制秩序的进展，加上关于封建制的论述，迎来了新的局面。

作为时代标志的封建

封建一词，作为时代划分，是指近代以前，如在欧洲是指中世纪贵族制之领主制时代。日本也将明治维新之前的德川幕府时代称为封建时代。也就是说封建本来是指国王（日本指将军）赐封地给贵族（日本指大名），由世袭贵族（日本指大名）世世代代统治所分领地的政治体制。然则，在马克思主义经济史的推广中，有关封建时代的生产关系的研究兴盛。在当时，贵族也就是封建地主占据有利的生产手段，对属民，也就是不自由农民（农奴、老百姓）施加如经济的外在压力予以支配的时代，于是"封建"又成了一个经济体制上的概念。

在近代以前的日本或欧洲，政治上与经济上都可以用这种封建概念来说明，可以直接作为两个时代的划分。但这种封建概念，是不能直接拿来形容中国的"封建"的。

这是因为，众所周知，中国从秦汉帝国以来，一直采取以皇帝为中心的中央集权制（在中国自古以来将其与封建制相对，称为郡县制），特别是宋代以后全面实施科举制度，官僚之位并非世袭而是仅限于一代，从官僚制的中央集权体制更加完善这一点来看，至少在政治体制上，很难将近代以前的中国称为封建时代。在中国的政治体制上，周代之前可以被称为封建制，经历春秋战国时期而崩坏，直到秦汉帝国的建立，从政治体制的时代划分上来说，封建时代就是上古时代。

但是，正如中国革命被称为反封建反殖民地之革命一般，民国以后，中国将清朝以前统称为封建时代。这种说法被沿用到了今天。

严格地说，它是指经济体制上的地主、农民间的控制关系，不含有政治体制上的封建概念。因此，中国的"封建"并不包含有如欧洲、日本等，诸如世袭的上下身份制，四民不平等、封建割据等社会制度上的不自然。

明末清初时期的"封建"概念

不如说明末清初时期"封建"作为与皇帝专制对立的概念，开始有了新的意义。秦汉帝国建立以来，与田制论并列，是郡县制还是封建制这一政治争论反复进行。这种情况下的"封建"具体是指可否给作为皇帝一族的王族分封边境土地，令其守卫边疆，也就是着眼于土地分封的论述。但这种封建论述，在明末清初时期，过度集中的中央集权皇帝专制体制中，如何让出末端权限的权力分配问题开始出现，这是之前所从未见过的。

首先一点是，否定皇帝权力的绝对性，相对地，提倡加强宰相官僚权力的思想开始出现。

这一观点依据《孟子·万章上篇》中解说周代之封建制度的部分。

即依据"天子一位，公一位，侯一位，伯一位，子、男同一位，凡五等也。君一位，卿一位，大夫一位，上士一位，中士一位，下士一位，凡六等……大国地方百里，君十卿禄，卿禄四大夫，大夫倍上士，上士倍中士，中士倍下士，下士与庶人在官者同禄，禄足以代其耕也"。这里最后一句指出俸禄最低的人，也就是下士的年俸相当于农民一年的收入。如果下士的俸禄是一，那么大夫则是他的8倍，卿为32倍，君则为320倍，也就是说大国君主的年收入，相当于农民的320倍。

继承这种观点,黄宗羲在《明夷待访录·置相篇》中描述了在周代,天子与公之间的等级差别,就等同于公侯伯子男之间的等级差别,他说道:"非独至于天子遂截然无等级也。"这里批判了皇帝具有超越宰相以下官僚的权力。此外,顾炎武在其《日知录》(卷七)中也说道,天子"非绝世之贵",其俸禄也是"禄以代耕",他认为皇帝向民众征收重税,以供奉自己是不对的,批判了皇帝与一般民众之间的隔离状态。

在这里,周代封建制度下的爵位等级制,反而被用来批判皇帝专制。

其中吕留良(1629—1683年)的观点值得注意,他认为,"凡禄之制,皆起于农,则爵位之原亦起于农……天禄本于农,禄白农生,故差自农始"(《四书讲义》卷三九),主张不论是爵位还是俸禄,都是以"农"为基础的。在这里,"农"具体是指以地主阶级为中心的社会层面。结果,他突出表现了作为官僚制度之基础的地主阶级的存在。

地方官的当地化和地方自治

这是在反对专制与地方势力发展兴起的背景下,主张地方官当地化的观点。

中国在宋代以后,县令等地方官的任期长则三年,并且其任地以尽量远离其出生地为原则。

这是为了避免出现地方官在地方盘踞，与当地势力相勾结，成为叛乱的源头。顾炎武反对这种习惯，主张地方官应由出身于此县千里之内的人担任，根据情况应同意其终身任职。他说道，"夫使县令得私其百里之地，则县之人民皆其子姓，县之土地皆其田畴，县之城郭皆其藩垣"（《郡县论》），这里提出了一种类似领主制的观点。

一方面，黄宗羲在《明夷待访录·学校篇》中也提到过，在郡县的学校中讨论地方政策，天子也应尊重在学校中的讨论，学校的老师也不应该由中央选任，而应由地方上公议选举等，他提出了这样一种将学校作为决定公论的机关的一种地方自治理论。

这种观点在清初仍被继承，例如李塨（1659—1733年）就认为应该延长地方官的任期，而且大幅度提高其可行使的权力，他认为，"惟大纲总于上，细目悉任于下……是非去郡县之害兼封建之利"（《平书订》卷二）。

清朝中叶的封建论

但这种观点在清朝中叶为止并不是一帆风顺地发展下去的。雍正六年（1728年）就曾有一名学者曾静（1679—1735年），因为批判雍正帝而被捕。

· 第十章 ·

以此为契机，追溯到曾静的老师吕留良的言论问题，判定吕留良为逆反罪，引起了吕留良被开棺鞭尸示众以示惩戒这一事件。吕留良的言论中多包含主张封建的思想，曾静正是继承了老师吕留良的思想。雍正帝认为这种思想很危险，他指责说，"凡叛逆之人，如吕留良、曾静、陆生楠之流，皆以宜复封建为言。盖此种悖乱之人，自知奸恶倾邪，不容于乡国，思欲效策士游说之风"（《东华录》卷一八三）。

这件事反过来可以看出，封建议论已经到了中央权力无法忽视的地步，以至于需要雍正帝亲自下诏弹压。

另外在雍正七年（1729年），某御史曾上奏雍正帝应将县分为东西南北四乡，并且各设置县丞一名来辅助县令办公，称县丞应采用出身其乡者。这封上奏表面上看与封建论无关，但其实际提出的应用出身本乡的地方人物来作为辅助县令的官员这一点，可以说是变化形式之后的封建论，也就是地方自治论。虽然这个提议最终没有被采纳，但可以从这次上奏中看出，在官僚之间，也有应用地方出身的人来治理地方这一要求，可见这一观点已深入人心。

虽然在清朝中叶封建论并未公开，但潜在的类似要求却不断地流传了下来。

清朝末期的封建论

这样一种潜在的要求一举爆发出来，是在太平天国之乱的时候。

对比太平天国的叛乱军席卷各省，旧时的地方守军绿营军，本来就是从各个地方集合起来的军队，对当地既不熟悉也没有利害关系，更有着不得出兵驻守地之外的军制上的限制，是没有能力与自由突破各省各县的太平天国军相对抗的。

意识到绿营军缺陷的清朝，派遣籍贯湖南的大官曾国藩（1811—1872年）出任湖南省的防卫工作，设立了由湖南人组成的湖南防卫军，也就是湘军。在这之后，由李鸿章（1823—1901年）组建的淮军，后被军阀继承。当时由乡民组成的乡土护卫军士气十分高昂，再加上地方乡绅地主们的捐献与地方财政支出而购置了新式的洋式武器，在镇压太平天国乱军时发挥了巨大威力。

对这次湘军的建立，清末的汪兆铭（号精卫，1883—1944年）列举了军费筹调权交给地方的总督巡抚，由于用兵权脱离中央兵部的统制，可以自由地跨省出兵等点，认为这是将军政财政两大权由中央向地方转移，对中央集权的地方分权的开始（《民报》八号）。

在时代动乱的驱使下，在清朝末期，封建论再次盛行起来。

例如黄遵宪（1848—1905年）就认为，地方官由远地而来，并且任期较短，故地方官不足不惧，他对自己任地的湖南省的青年们做了大意如下的演说：

> 所求于诸君者，自治其身，自治其乡而已。某利当兴，某弊当革，学校当变，水利当筹，商务当兴，农事当修，捕盗当讲求……此皆诸君之事……诸君，诸君，能任此事，则官民上下，同心同德，以联合之力，收群谋之益，生于其乡，无不相习，不久任之患，得封建世家之利，而去郡县专政之弊，由一府一县推之一省，由一省推之天下，可以追共和之郅治，臻大同之盛轨（《湘报类纂》）。

这里"封建"被认为是地方自治与共和的同义词。

这里的地方自治，具体是设立议院的要求。前面提到雍正帝时有大臣上奏要求设置同乡县丞，到了清朝末期，例如陈炽（1855—1900年）就说，"前倡乡官之议，实与议院略同"，"各府州县，则仿外洋议院之制，由百姓公举乡官"等，这样的建议已被公开提出。

拒绝开设议院，并压制这类舆论的清朝，虽然在末期，各省各地的地方官和乡绅开办作为合议机关的谘议局，以图反映各省乡绅的公议，但为时已晚。

清末民初的联省自治运动

清朝无力镇压各省的独立运动，在1911年的辛亥革命之后土崩瓦解。各省的独立运动之所以能够推行下去，是因为乡绅、官员、军队联合起来掌握各省的大权，前述汪兆铭对湘军的评价作为对历史洪流的解释得到了证实。

实际上，以山东省为例，山东省的谘议局在宣布独立的同时对清朝政府提出了八项要求。其中最后四项之中，有地方官任免、地方税收均归本省权限，中国应为联邦政体、本省自行制定本省之宪法，兵权归本省所有等条款。这虽然是省的独立，但可以看出，在辛亥革命初期，形成了包括军权在内几乎类似于一个独立国家的状况。

这样一种大趋势下，民国进入各省之间，以建立独立各省自治为基础的联邦共和制为目标，发起了联省自治运动。这时省的军队权力被军阀化，省的实权开始被军阀垄断等，事态变得更加复杂起来，到最后，国民党，包括共产党，都认为联省自治是不可行的，再次提倡由中国集权的国家统一才是正道。

民国的"封建"

与地方自治运动相为表里，进入民国时期，特别是通过《新青年》杂志提倡新文化运动的陈独秀（1879—1942

年）等，认为中国传统的父系家长制的家族制度是"封建宗法"的遗留物，对此进行了批判。

接着在20世纪20年代马克思主义传入后，确立了以生产关系论为主的封建观，"封建"二字在清朝末期和民国初期的二三十年间，是仅仅作为贬义概念被使用的。

这一观念的开端最初来自严复（1854—1921年）翻译的《社会通诠》。这是由英国作家甄克思所著的 *A History of Politics* 的中译本，于1940年出版。本书中，甄克思认为，国家的历史发展阶段，呈现出从图腾时代的首长制到贵族封建的宗法制，最后走向近代国家的三个阶段。其中"宗法"一词，在青年知识分子之间作为中国的旧习而成为批判的对象。相应地，因为宗法与封建一词相连，所以封建一词便普遍地给人们留下了贬义的印象。

在中国革命中，"封建"一词更是被作为强烈批判的对象普及开来。

然而我们认为，"封建"一词在中国，从明末清初时期到清朝末期，作为反对皇帝专制与包含地方自治的概念，不如说是带有褒义色彩的。

而之后由于内有军阀兴起，外有列强干涉的复杂的历史的推移，一时兴起的地方自治与地方分权化运动，在还没成熟时就反而转向官僚制的中央集权国家收敛的这一点，是值得我们注意的。如果说欧洲或日本的近代历程是由封建领主制，也就是分权制向近代的中央集权国家转变的，那么相对的，中国的近代历程与此相反，是由专制的中央集权体制分解为地方分权化转变的。由此我们应该认识到，中国的政治体制上应实现的近代化，与欧洲或日本是不同的。

正如前章所述的，如果认为明末清初时期是中国近代过程的萌芽期，那么从明末清初时期到清朝末期所见到的分权化运动，我们应该重新认识。

近代政治思想的吸收

一般来说，亚洲所谓的近代，如果日本是从佩里的黑船开国到明治维新，那么中国就是从鸦片战争到辛亥革命的黎明期，亚洲与近代欧洲世界接触，开始吸收欧洲近代文明的时期，被认为是近代的开始时期。

如果从政治思想的领域来看，接触并吸收自由平等的权利思想，与立宪共和等的民主思想，即意味着近代的开始。

亚洲近代历程是从接触并吸收欧洲近代文化开始的这一观点，已经得到大多数人的肯定，这里我们就以此观点为背景，来看看中国政治思想层面上的近代历程。

在中国，魏源（1794—1857年）是较早注意到欧洲近代政治制度的人之一。魏源著有《海国图志》一书，此书以介绍世界各国的事物而闻名。在这本书中，他谈到英国的议会制度时说,"兵和战之事,虽国王裁夺,亦必由巴厘满议允……凡新改条例,新设职官,增减税饷,及行楮币,皆王颁巴厘满"。还对美国总统不是终身制而是四年一选的任期制作出如下评价,"可不谓公乎"。

《海国图志》首先在1842年完成前50卷,1852年之后增补为100卷,上述英国或美国的事例记载于后补的百卷中,大约在鸦片战争(1840—1842年)后10年左右。

洋务官僚对议院制的关注

像这样诸如西洋事物、海外见闻之类的书籍,对欧美民主政治制度的介绍,在此之后,也有例如徐继畬(1795—1873年)的《瀛寰志略》、梁廷枏(1796—1861年)的《海国四说》、张德彝(1847—1918年)的《航海述奇》等,多见于19世纪五六十年代。另外,光绪元年(1875年),由当时的军机大臣文祥(1818—1876年)所上的密折也值得我们注意。

在密折中,文祥列举了欧美上议院、下议院的制度,向光绪帝建议,认为即便在中国"势有难行,而义可采取",也应采取这样的制度。政府中枢大官的观点可以对实际实行的政策造成影响,这是值得我们关注的。提起文祥,他参与创立外交机关总理衙门,作为洋务骨干又是满族贵族出身的重臣,其对时局与政治的影响力是非常巨大的。

洋务曾经被称为夷务，从中国特有的中华思想出发，曾经将外国都视为蛮夷，但在鸦片战争之后，中国认识到了欧洲各国的强大，改变了之前蛮夷的看法，遂将夷务改称为洋务。最初只是单纯地指代外交事务，但随着学习欧美工业及近代各种制度的"洋务运动"的兴起，热心洋务运动的官僚，如李鸿章等被称作洋务派官僚。

洋务派官员张树声（1824—1884年）在他死前曾留下遗书上奏慈禧太后与光绪帝。他在遗书中说，洋人兼具"体"和"用"。除了轮船、大炮、铁路、电线等构成的"用"之外，还有学制、议院制等充足的"体"。如若中国只学洋人的"用"，而不学洋人的"体"，那么不管学多久，我们都赶不上洋人所走的路。呼吁朝廷关注议院制度。张树声曾作为两广总督在前线指挥过清法战争，像这样呼吁朝廷对议院制的关注可以说与前文文祥所言同样应受到我们注意。这里所说的议院制与现代的议会制是截然不同的，具体可以看作是以皇帝为中心，中央或地方上的官员们与皇帝共同合议的一种合议制度。

还有，这里的"体"和"用"，是中国自古以来的一种哲学的概念。"体"即本体，"用"即作用。以中国传统历史为"本体"来维持政治，以西洋工业等作为"作用"来从表层接受的清朝末期所谓的中体西用论，正是借用了这种体用的概念。

· 第十章 ·

设立议院的舆论

洋务派官僚间开始出现的这种对议院制的关心,也在民间的知识分子中间扩展开来。如张树声的密折引起人们注意是在光绪十年(1884年),在那之后,陈炽的《庸书》、郑观应(1842—1922年)的《盛世危言》也受到人们的关注。在此二书中,不同于以往将议院制认为是官僚的合议制,他们认为议员不应从官僚中间,而应从民间,由公选产生,这一点可以说是划时代的。

例如作为广东贸易商的郑观应就曾说道:"本中国乡举里选之制,参泰西投甄公举之法,以遴议员之才望。"主张"设议院以固民心"才是政治之根本。

这些主张被康有为继承,发起了所谓的变法运动。

康有为着眼于俄国彼得大帝那样的君权实行改革,同时效仿日本明治新政创立立宪政体作为变法的重点,旨在建立一个位于光绪帝统治之下的立宪政体。他数次上奏光绪皇帝诉求变法,在第五次上书中(1897年),他提出关于设立国会与颁布宪法的必要性,第二年四月他的意见被光绪皇帝采纳,由光绪皇帝颁布了讲述新政内容的诏书,至此便迎来了所谓的戊戌新政。

康有为在这次新政中被委以重任,他与志同道合的民间学者梁启超(1873—1929年)、谭嗣同(1865—1898年)等被委以官职,将科举考试的重点从以经书为中心改为了以时事、政论为中心。将儒教书院改为儒学和西洋学兼修的学校，创立矿山、铁路的职业学校，亦开始整顿官署。但这些改革措施均因慈禧太后阻挠而遭受挫折。以光绪皇帝被幽禁，康有为、梁启超逃亡海外，谭嗣同与其他同志被处以极刑而告终。新政不足百日便失败了。

所以新政也被称为"百日维新"，这场政变被称为戊戌政变。康有为主张的君主立宪制自然也还没看到就终结了。

革命派的兴起

戊戌政变两年后，1900年由民间宗教性的秘密结社发起了排外性的"扶满灭洋"的保国运动，即义和团在山东起事。他们冲入北京城，攻击了基督教堂与各国列强的住宅地，导致英、美、俄、日、法、德、意、奥八国联军出兵，第二年的1901年，中国被迫支付各列强4亿5000万两白银，允许各国的军队在中国驻兵的条件，才与八国联军达成合谈。

事关中国的存亡，意识到事态严重的慈禧太后，为了转移国民的不满情绪，于1901年颁布了与3年前戊戌新政几乎相同的政治改革方案。然而为时已晚，时代已经准备迎接革命派的登场。如果说甲午战争（1894—1895年）的失败是引发戊戌新政的导火索，那么义和团事变的失败就成了革命登场的契机。

1900年末,以日本为大本营的孙文(1866—1925年)在广东附近的惠州尝试举行第二次武装起义,便是大革命到来的先声。

甲午战争之后,孙文已经在战后1895年马上在广东发动过第一次起义,但是以失败告终。1900年的第二次起义也同样以失败告终。但同样是失败,第一次孙文被评价为"乱臣贼子,大逆不道",第二次,反而有很多有识之士都为他的失败而感到遗憾。如孙文自己所说的那样,这5年间舆论动向的变化是极大的。

在这种形势下,时代将主导权交到了要推翻清王朝,实现共和革命的孙文等革命派手里。1905年,以孙文为领袖的中国同盟会在日本东京成立,同盟会以"驱除鞑虏,恢复中华,建立民国,平均地权"为纲领,其机关报《民报》也在东京创刊。

在《民报》的创刊词中,孙文发表了民族、民权、民生,也就是以三民主义为原型的革命理论。

辛亥革命与革命之后

1911年,清朝政府因外债重压而发布了企图将全国铁路国有化的铁道国有令,此举激化了与涉及外国资本事业的国权回收运动的对立,招致了自发出面回收铁路的民间新兴资产阶级的反抗。作为革命党根据地的广东、湖南、四川等地，反抗尤为强烈。特别是四川，政府甚至下令武汉守军向川进发。

但武汉守军中有很大一部分人支持革命，他们在10月10日举起反旗，武昌落入革命军手中，宣布成立中华民国政府革命军，打倒清政府恢复汉族国家。由于1911年为辛亥年，所以这次革命也被称为"辛亥革命"，这可以说是中华民国革命的第一步。起兵的10月10日被称为"双十节"，也是当时中华民国的国庆节。

清朝政府随后出兵攻打了武汉，但被击退。而10月22日，湖南、陕西也宣布独立。30日，山西、云南也宣布独立。进入11月之后，上海、贵州、苏州、浙江、广西、安徽、福建、广东、四川各城市各省份纷纷宣布独立。当时已经退隐的北洋军巨头袁世凯（1859—1916年）出来收拾局面。1911年末与从英国归来的孙文在南京发表了中华民国成立宣言，袁世凯与孙文进行交涉，以废除清朝建立共和制为条件，取代孙文成为大总统，孙文与之达成了妥协。至此，清朝于1912年2月12日灭亡，结束了它277年的历史。

袁世凯1916年病逝之后，北洋军阀分成了安徽派、直隶派、奉天派等，各自与列强勾结，割据地方，开始出现军阀割据的局面。孙文于1924年在广东召开国民党第一次全体大会，与1921年成立的中国共产党进行国共合作，组成北伐军，意图打倒北方军阀，实现中国统一。但他1925年因癌症去世。

之后蒋介石（1887—1975年）继承孙文的遗志进行了北伐，1928年进入北京城，由国民党政府成功地实现了中国的统一。然而，由于1931年的"九·一八"事变，1937年的卢沟桥事变，中日战争全面爆发，1945年日本战败后，由于国共两党对立所引发的内战也一直持续着。最终在1949年10月1日，中国共产党在北京宣告成立中华人民共和国，而国民党则迁往台湾。

孙文的三民主义

不论是中国共产党，还是国民党，都尊崇孙文为"中国革命之父"。孙文的民族、民权、民生，也就是所谓的"三民主义"，被他们各自继承，一直延续到现在。

民族主义是指在当时列强环绕，亚洲殖民地化的状况下，主张"锄强扶弱"和"打不平"，也就是以抑制列强扶助弱小，消灭不平等为目标。借用孙文的话来说，就是"公理"对"强权"的斗争。他说，将来即使中国变得强大，也决不会如英国灭缅甸，日本吞并朝鲜等列强帝国主义国家一样。反而等中国强大之后，要记起今日中国遭受列强压迫的痛苦，从而努力解除弱小民族的痛苦，这才是"治国，平天下"之道。为了实现此道，则需"用固有的道德和平作基础,去统一世界,成一个大同之治……便是我们民族的精神"。

关于民权主义。如果说法国的民族主义是"自由",也就是民族的自由,那么孙文的民权主义是要"平等",即破除君权,使每个人都能获得平等的政治地位。在孙文看来,一个有才能却只会利己的人,会利用自己的才能夺取他人的利益,最终会变成专制阶级,导致政治上的不平等。而利他主义的人,会利用自己的才能为他人谋求幸福,最终打倒专制,主张民权,消灭一切不平等。所以他认为,"人类由于服务的道德观,必可使之成为平等,这就是平等的精义"。

关于民生主义。孙文认为,民生主义就是法国所说的"博爱",也就是为4亿同胞谋幸福,具体是让4亿人都"丰衣足食"。为此,将由于社会发展所造成的地价上涨部分划为公有,努力平均分配财富,节制私人资本,抑制财富的倾斜化,将来实现理想的共产化。于是他说道:"人民对于国家要什么事都是可以共,才是真正达到民生主义的目的,就是孔子所希望的大同世界。"

这里我们可以看出,三民主义带有浓重的儒家道德思想,也就是仁、公、大同思想的投影。"天下为公"和"大同"已经在第四章有所提及,像这样儒家思想渗入到中国革命思想中的现象,是值得我们注意的。

一般来说,提起儒家,在日本就会让人想起父系家长制的上下身份秩序与忠孝等封建性服务规范，但第一章到第四章所介绍的天、理、自然、公的概念，虽然说是来自道家与墨家的思想，但宋代以后与儒家思想浑然融为一体，对于儒家，这无疑是在追求一种更宽广的视野。

中国"大同"近代思想的特点

贯穿三民主义的中心思想是"公"与"大同"，也就是说公平、公正、平等、均等的思想。另一方面，民族主义象征抵抗少数列强的残暴，民权主义象征排除少数专制者的独裁，民生主义则限制少数大地主、大资本家的经济特权（专利）等，少数"私"对多数"公"的一种全体资本主义的倾向较强。

就民权主义来说，与其说是个人的人权，不如说它更主张国民全体平等的团体权，其中排除利己，推崇利他。

特别是就其与民生主义的关联来说，剥夺了个人私有财产权无限制的自由，以"共"产为理想主义。对于私有财产权为基础的欧洲的个人自由主义，不如说是持否定态度的。

像这样，这种观点不只是孙文一人提出的观点，如在第二章、第四章和第九章中所介绍的那样，思想上也好，制度议论上也好，这种观点都是在漫长的传统思想中酝酿出来的。孙文的三民主义之所以得到大多数知识分子或国民的认同，正是因为它很好地继承了中国的传统思想。

反过来说，传统的"仁""公""大同"思想在近代的三民主义中开花结果。这一传统，也可以说阻碍了基于私有财产权的个人自由的思想的发展。

在中国，还有天下生民思想的传统。即民与国家（近代以前指朝廷，也就是国家）无关，是由天生（在这个意义上称为生民）的天下之生民，也就是说民不为王朝存亡负任何责任。这样的生民观在近代以后也被继承下来，近代国家成立之后，人民也只向国家（=政府）缴纳税款，而不对其存亡负责。

比起国家存亡，确保个人生活才是第一位的。像这种被孙文批判为"散沙的自由"，天上生民的自由观也是存在的。我们不应该忘记这一点。

像这样的天下生民自由观，基本上是在与血缘、地域的联系中形成的，因此所谓"散沙"即零散的个人之自由的评价，是不正确的。

然而，因为没有如欧洲意义上的个人自由，就认为这是中国的消极因素，也不正确。不如说在"公""大同""缘"等联系中形成的利他道德性，正是中国的个人之根本。这点需要再次注意。

欧洲存在的东西中国虽然没有，但相对的，中国有着欧洲所没有的东西。希望今后可以分别正确地认识它们的独立性，从而衍生出人类新的价值观。

参考文献

第一章

松丸道雄编《西周青铜器与国家》，东大出版会，1980。

松丸道雄编《中国文明的成立》，讲谈社，1985。

户川芳郎：《古代中国的思想》，放送大学教育振兴会，1985。

内山俊彦：《基于中国古代思想史上的自然认知》，创文社，1987。

影山辉国：《基于汉代的灾异与政治——灾异责任的中心——宰相》，《史学杂志》90-8，1981。

沟口雄三：《中国的天》（上）（下），《文学》55-12、6，岩波书店，1978、1979。

相良亨：《中国的天》（上）（下），同上。

小岛毅：《宋代天谴论的政治理念》，《东洋文化研究所纪要》第107册，东京大学东洋文化研究所，1988。

第二章

沟口雄三：《中国的理》，《文学》55-5，岩波书店，1987。

相良亨：《中国的理》（上）（下），同上。

吉田纯：《〈阅微草堂笔记〉小论》《中国——社会与文化》第4号，东大中国学会，1989。

第三章

沟口雄三：《中国的自然》，《文学》55-6，1987。

相良亨：《日本的自然》，同上。

池田知久：《庄子》（上）（下），学习研究社，1983、1984。

第四章

吉田孝：《国家律令与古代的社会》，岩波书店，1983。

沟口雄三：《中国的公·私概念的发展》，《思想》669，岩波书店，1980。

沟口雄三：《中国的公·私》（上）（下），《文学》56-9、56-10，岩波书店，1988。

田原嗣郎：《日本的公·私》（上）（下），同上。

第五至八章

宫崎市定：《宋与元》，中央公论社，1983。

户川芳郎、蜂屋邦夫、沟口雄三：《儒教史》，山川出版社，1987。

黑住真：《德川前期儒教的性格》，《思想》第792号，1990。

宫城公子：《大盐平八郎》，朝日新闻社，1977。

宫城公子：《幕末儒学史的见解》，《日本史研究》第232号，1981。

宫城公子：《〈诚意〉的走向——大桥讷菴与幕末儒学》，《同上》第285号，1986。

宫城公子：《日本的近代化与儒教的性格》，《同上》第295号，1987。

朴钏鸣译、姜沆：《看羊录》，东洋文库，平凡社，1984。

沟口雄三：《无善无恶之思想史的意义》，《历史学研究》第487号，青木书店，1980。

沟口雄三：《天一合人之中国的独特性》，《佐藤一斋·大盐中斋集》，岩波书店，1980。

沟口雄三：《两个阳明学》，《理想》第572号，理想社，1981。

沟口雄三：《围绕日本的阳明学》，《理想》第572号，理想社，1981。

第九至十章

户川芳郎、蜂屋邦夫、沟口雄三：《儒教史》，山川出版社，1987。

沟口雄三：《基本中国前近代思想的曲折与发展》，东京大学出版社，1980。

沟口雄三：《儒教·封建·反君主思想》，《国语通信》9，筑摩书房，1985。

沟口雄三：《光绪初期的议会论》，《中国——社会与文化》第1号，东大中国学会，1986。

沟口雄三：《作为方法的中国》，东京大学出版社，1989。

| 其他参考书刊·论文 |

第一至四章

〔书刊〕

田原嗣郎:《赤穗四十六士论——幕藩制的精神结构》,吉川弘文馆,1978。

尾形男:《中国古代之"家"与国家——皇帝控制下的秩序结构》,岩波书店,1979。

蜂屋邦夫:《中国的思想》,法藏馆,1985。

吉川忠夫:《六朝精神史研究》,同朋舍出版,1983。

相良亨等编《日本思想》1自然,东京大学出版会,1983。

相良亨等编《日本思想》3秩序,东京大学出版会,1983。

中岛隆藏:《六期思想的研究——士大夫与佛教思想》,平乐寺书店,1985。

山田庆儿:《朱子的自然学》,岩波书店,1978。

〔论文〕

加藤常贤：《公私考》，《历史学研究》第96号，1942。

池田末利：《天道与天命》，《广岛大学文学部纪要》28-1，1968。

栗田直躬：《"公"与"私"》，《福井博士颂寿纪念：东洋文化论丛》，早稻田大学出版部，1969。

泽田多喜男：《西汉的灾异说——其解释的多样性之考察》，《东海大学纪要文学部》第15辑，1971。

泽田多喜男：《先秦的公私之观念》，《东海大学纪要文学部》第25辑，1967。

日原利国：《灾异与谶纬》，《东方学》第43辑，东方学会，1972。

好并隆司：《中国古代祭天思想的发展》，《思想》第608号，岩波书店，1975。

金子修一：《中国古代的皇帝祭祀其一之考察》，《史学杂志》87-2，史学会，1978。

影山辉国：《到董仲舒时灾异思想的谱系》，《实践国文学》第34号，1988。

第五至八章

〔书刊〕

岛田虔次：《朱子学与阳明学》，岩波新书，1967。

岛田虔次：《中国之近代思维的挫折》修订版，筑摩书房，1970。

岛田虔次：《王阳明集》，朝日新闻社，1975。

沟口雄三：《焚书（抄）》，《近世随笔集》，平凡社，1971。

市川安司：《朱子——学问与其发展》，评论社，1974。

荒木见悟、沟口雄三：《朱子·王阳明》，中央公论社，1974。

吉川幸次郎、三浦国雄：《朱子集》，朝日新闻社，1976。

荒木见悟：《佛教与阳明学》，Regulus文库，第三文明社，1979。

沟口雄三：《中国前近代思想的曲折与发展》，东京大学出版会，1980。

沟口雄三：《李卓吾》，集英社，1985。

第九至十章

〔书刊〕

野村浩一：《近代中国的政治与思想》，筑摩书房，1964。

西田太一译：《明夷待访录》，东洋文库，平凡社，1964。

野泽丰：《孙文与中国革命》，岩波新书，1966。

小野川秀美：《清末政治思想研究》，MISUZU书房，1969。

后藤基巳、山井湧：《明末清初政治评论集》，平凡社，1971。

西顺藏编《原典中国近代思想史》全六卷，岩波书店，1976。

近藤邦康：《中国近代思想史研究》，劲草书房，1981。

丸山松幸：《中国近代的革命思想》，研文出版，1982。

小岛晋治、丸山松幸：《中国近现代史》，岩波新书，1986。

图书在版编目（CIP）数据

中国思想的再发现 /（日）沟口雄三著；帅斌译.
成都：四川人民出版社，2024.9. -- （近观）.
ISBN 978-7-220-13764-8

Ⅰ.B2

中国国家版本馆CIP数据核字第2024B64X11号

〈TYUGOKU SHISOU〉SAIHAKKENN" by MIZOGUCHI YUZO
Copyright©2010 MIZOGUCHI Yuzo
All Rights Reserved.
Original Japanese edition published by Sayusha Ltd.
This Simplified Chinese Language Edition is published by arrangement with
Sayusha Ltd. through East West Culture & Media Co., Ltd., Tokyo.

四川省版权局著作权合同登记号：图［进］21-24-152

中国思想的再发现
ZHONGGUO SIXIANG DE ZAI FAXIAN

沟口雄三　著　帅斌　译

出 版 人	黄立新
策划统筹	封　龙
责任编辑	李沁阳
封面设计	周伟伟
版式设计	张迪茗
责任印制	周　奇
出版发行	四川人民出版社（成都市三色路238号）
网　　址	http://www.scpph.com
E-mail	scrmcbs@sina.com
新浪微博	@四川人民出版社
微信公众号	四川人民出版社
发行部业务电话	（028）86361653　86361656
防盗版举报电话	（028）86361653
照　　排	四川胜翔数码印务设计有限公司
印　　刷	成都东江印务有限公司
成品尺寸	130mm×210mm
印　　张	6
字　　数	106千
版　　次	2024年9月第1版
印　　次	2024年9月第1次印刷
书　　号	ISBN 978-7-220-13764-8
定　　价	65.00元

■版权所有·侵权必究
本书若出现印装质量问题，请与我社发行部联系调换
电话：（028）86361656

壹卷
YE BOOK

洞 见 人 和 时 代

官方微博：@壹卷YeBook
官方豆瓣：壹卷YeBook
微信公众号：壹卷YeBook
媒体联系：yebook2019@163.com

壹卷工作室
微信公众号